Vom Vorrang der Liebe

Christof Breitsameter / Stephan Goertz

Vom Vorrang der Liebe

Zeitenwende für die
katholische Sexualmoral

FREIBURG · BASEL · WIEN

© Verlag Herder GmbH, Freiburg im Breisgau 2020
Alle Rechte vorbehalten
www.herder.de
Umschlaggestaltung: Verlag Herder
Umschlagmotiv: unter Verwendung eines Bildes von
Evgeny Baranov/iStock – getty images
Satz: Barbara Herrmann, Freiburg
Herstellung: GGP Media GmbH, Pößneck
Printed in Germany
ISBN Print 978-3-451-38954-2
ISBN E-Book (PDF) 978-3-451-83954-2

Eberhard Schockenhoff gewidmet

Inhalt

Einleitung

Am Rande einer Fachkonsultation zur katholischen Sexualmoral in Berlin 2019 bemerkte ein junger Teilnehmer: „Ich
habe meine Frau nicht geheiratet, um mit ihr Kinder zu be-
kommen, ich habe sie geheiratet, weil ich sie liebe." Plausib-
ler und schneller kann man eine gängige kirchliche Argumen-
tationslogik kaum zu Fall bringen. Ihr zufolge ist eine solche
Aussage mindestens dem Verdacht der Sünde ausgesetzt, weil
sie einen klassischen Zweck der Ehe unbeachtet lässt, nämlich die Zeugung von Nachkommen, die, wie ein weiterer
klassischer Zweck bestimmt, innerhalb der Ehe als einer
treuen Verbindung stattzufinden hat, und zwar um der Legitimität der Nachkommenschaft willen. Bei diesen traditionellen Zwecken der Ehe ist von Liebe nicht die Rede. Unser
Paar würde (vorausgesetzt, es lebte nicht enthaltsam und
wünschte sich noch keine Kinder) keinen der für eine Ehe
konstitutiven Zwecke erfüllen (wollen) und somit in ständi-
ger schwerer Sünde leben, selbst wenn die Partner einander
aus Liebe treu wären.

Im Grunde müsste man die Diskussion gar nicht führen:
Die Regeln, die gewöhnlich und meist unbedacht als „traditionelle kirchliche Moral" bezeichnet werden, werden weder
eingesehen noch beachtet, und eine Norm, die nicht anerkannt und nicht befolgt wird, ist keine Norm. Insofern mutet
es wie eine Geisterdebatte an, wenn über etwas gestritten
wird, was keine Bedeutung mehr hat und deshalb auch keine
Beachtung mehr findet. Dennoch lohnt sich die Auseinandersetzung mit dem Thema, denn die Diskussion sollte ja darum
geführt werden, wie Liebe heute glücken kann. Wenn man
der so genannten Tradition das gleiche sinnstiftende Anliegen

unterstellen will, wofür es gute Gründe gibt, dann sollte man es als die vornehmste Aufgabe der Überlieferung ansehen, den Sinn der überkommenen Normen in die Gegenwart zu transformieren: Wie kann der humane Sinn von Liebe, Sexualität und Ehe heute verwirklicht werden? Und welchen Beitrag kann die Überlieferung – im Guten wie im Schlechten – dazu leisten?

Wer den normativen Status einer vergangenen Zeit um jeden Preis festhalten möchte, der begräbt sie in Wirklichkeit; wer den Sinn überkommener moralischer Normen zum Leben erwecken möchte, muss sich dagegen der Mühe unterziehen, sie historisch zu differenzieren und zeitgenössisch zu deuten. Denn „die" Tradition zerfällt bei näherer Betrachtung in keineswegs homogene Motivstränge, die auf Zeitgebundenheit und Kontingenz der diversen Dispute hindeuten – andernfalls gäbe es ja keine Veränderung. Somit werden für den seriösen Zugriff auf dieses Material wohlbekannte Formeln wie die von der „immer gleichen" und „immer gültigen" Lehre obsolet. Zudem ist völlig unklar, was für weite Teile der Theologiegeschichte die Bezeichnung „lehramtlich" bedeuten soll: Sind die Äußerungen von Augustinus oder Thomas von Aquin so zu bezeichnen, und was ist, wenn sie sich zu ein und demselben Thema unterschiedlich oder gar widersprüchlich äußern? Selbst wenn nur jüngere und jüngste Äußerungen des Lehramts gemeint sind, wollen dessen Aussagen auf dem Hintergrund scheinbar gleichlautender Ausführungen von Theologen, auf die sie sich vermeintlich beziehen, gelesen werden, und erneut ist zu klären, was gelten soll, wenn gezeigt werden kann, dass lehramtlich Aussagen die Überlegungen von Kirchenlehrern grob oder vielleicht auch nur fein verzerren: Über allem steht die grundsätzliche Diskussion, wie man nur glauben kann, mit antiken und mittelalterlichen Disputen allein moderne

Theorielagen bearbeiten zu können. Warum haben wir nicht den Mut, ganz neu anzusetzen und solche Überlegungen den tradierten Disputen auszusetzen? Das bessere Argument möge überzeugen!

Neben diesem Strang der Auseinandersetzung um die theologie- und kulturgeschichtlichen Wurzeln der kirchlichen Morallehre soll in diesem Büchlein auch deutlich gemacht werden, auf welche Weise sich die amtliche katholische Position seit dem 19. Jahrhundert zumeist in erklärter Opposition gegenüber dem entwickelt und verhärtet, was man als moderne Bedrohungen wahrnimmt und verurteilt. Die katholische Moral wird durch ihr Verharren in einer vormodernen Vorstellungswelt von Liebe, Sexualität und Partnerschaft zu einer Kontrastmoral ohne Überzeugungskraft. Es ist letztlich die Weigerung, den Vorrang von Liebe, Gleichheit und Freiheit anzuerkennen, der die lehramtlichen Aussagen in diese Isolation treibt. Wir werden sehen, wie hartnäckig sich der alte Vorrang der Natur- oder Schöpfungsordnung bis in die Gegenwart hinein behauptet. Erst der dritte Papst des dritten Jahrtausends scheint entschlossen zu sein, auf eine Theologie der Liebe umzuschwenken und die Verachtung der sinnlichen Liebe hinter sich zu lassen.[1] Die normativen Konsequenzen deuten sich freilich erst vorsichtig an, auch weil in lehramtlichen Dokumenten neue systematische Überlegungen rar sind – wohl auch wegen der innerkatholischen Widerstände und Verwerfungen bei diesem Thema. Die wissenschaftliche Theologie ist hier freier und weiter.[2]

Die Inhalte dieses kleinen Büchleins werden von uns gemeinsam verantwortet. Die einzelnen Kapitel haben gleichwohl einen federführenden Autor: Christof Breitsameter hat die Kap. 1, 3, 5 und 9, Stephan Goertz die Kap. 2, 4, 6, 7 und 8 verfasst.

Für wertvolle inhaltliche Hinweise und Unterstützung bei der Erstellung des Manuskriptes bedanken wir uns bei

Dr. Stephanie Höllinger, Sarah Krumbiegel und Johanna Schmitt (Mainz) sowie bei Angela Kern (München). Herrn Clemens Carl vom Verlag Herder gebührt Dank für seine engagierte Begleitung in den verschiedenen Entstehungsphasen dieser Publikation.

Christof Breitsameter / Stephan Goertz
München und Mainz, im Juli 2020

Teil I:
Konturen der traditionellen Sexualmoral

1. Ehe und legitime Nachkommen

Das Gefüge von Normen, das bis heute mit der kirchlichen Sexualmoral in Verbindung gebracht wird, stellt keineswegs ein Spezifikum der christlichen Theologie dar. Es existierte über viele Jahrhunderte und über verschiedene Kulturen hinweg: Nicht nur Texte, die uns im Alten und Neuen Testament begegnen, sondern auch Zeugnisse etwa der griechischen und römischen Antike oder der christlichen Theologie bis weit in die Neuzeit und teilweise in die Moderne hinein teilen (allerdings mit unterschiedlichen Akzentsetzungen und bedeutsamen Verschiebungen) einen Grundbestand an Normen, die sexuelle Akte regeln sollen. Dabei handelt es sich nicht einfach um ein repressives System, wie häufig gesagt wird. Vielmehr ist dieser Normenbestand von einer einheitlichen und gemeinsamen Logik getragen: Er hat sich entwickelt, um die *Erzeugung legitimer Nachkommen* sicherzustellen und so den Fortbestand einer Gemeinschaft zu garantieren.[1] Die grundlegende Institution dafür ist die Ehe.

Für die Gesellschaft, in der diese normative Logik entstand, waren *Nachkommen* überlebenswichtig; die *Legitimität* der Nachkommen hatte für die Bindung der Familie an Grund und Boden hohe Bedeutung, weshalb Ehe- und Erbrecht eng miteinander verwoben waren. Durch die Ehe wurden die Erzeugung von Nachkommen und die Weitergabe von Eigentum miteinander verknüpft und so der Fortbestand einer Familie gesichert.[2] Nur so erklärt sich, warum der Normierung sexueller Akte eine derart hohe Bedeutung zugemessen wurde. Und so erklärt sich auch, warum für lange Zeit zwei Ziele der Ehe dominant waren, nämlich die Erzeugung von Nachkommen und die Vermeidung von Untreue, die, zu-

15

sammengenommen, der Hervorbringung legitimer Nachkommen dienen. Hinzu kommt, dass man Heiraten strategisch einsetzte, um Wohlstand und Einfluss einer Familie zu sichern und zu mehren. Zwar entspräche es einem Missverständnis, die Funktion der Ehe allein darin zu sehen, zwei familiäre Kalküle, zwei Verwandtschaftsstrategien, was Status und Vermögen bzw. die Hervorbringung von Nachkommenschaft betrifft, zu vereinen. Aber die Ehe war Voraussetzung dafür. Die so genannte Lehre von den Ehezwecken, die in der christlichen Theologie eine so bemerkenswerte Karriere entfalten wird, ist hier schon grundgelegt: Dazu zählt, noch einmal zusammengefasst, einerseits die Hervorbringung (und natürlich auch die Erziehung) von Nachkommen und andererseits die treue und vertraute Gemeinschaft der Gatten. Der Aspekt der treuen Verbindung soll die Legitimität der Nachkommen, der Aspekt der vertrauten Lebensgemeinschaft das Wohlergehen der Eheleute, die sich gegenseitig Hilfe sind, einander beistehen und füreinander einstehen sollen, sichern und nicht zuletzt den Wohlstand der Familie, ja des Gemeinwesens garantieren. Daher galt es, die Begierden zu mäßigen, die eine solche Verbindung gefährden konnten.

Die Ehe stellte jedenfalls keine Eigengründung zweier sich liebender Menschen dar. Die Eltern (der *pater familias* nahm dabei eine herausgehobene Stellung ein) bzw. Verwandtschaftsgruppen bestimmten nach Maßgabe von Stand und Vermögen, wen ihre Kinder heiraten sollten.[3] Diese Zustimmung war lange Zeit wichtiger als die Zustimmung der künftigen Gatten,[4] was sich im Lauf der Zeit veränderte. Schon in der römischen Gesellschaft verstand man die Ehe als Lebensgemeinschaft (*consortium*), womit der (beiderseitige) Konsens der Brautleute betont wurde. Das hatte zur Folge, dass man den Ehebruch des Mannes als ähnlich gravierende Verfehlung zu bewerten begann wie den Ehebruch der Frau (für diese Haltung gibt es auch einzelne Zeugnisse in der griechischen Gesellschaft), allerdings wurde die männliche Untreue nicht sanktioniert. Im Letzten blieb die Ungleichheit der Geschlechter, auf die wir noch näher eingehen werden, bestehen.

Das Christentum verstärkte die Bedeutung des Konsenses noch einmal, eine Entwicklung, die enorme Folgen zeitigte. Die Kirche erreichte damit, dass keine elterliche Autorität oder feudale Instanz in die Entscheidung eines Paares, zu heiraten oder nicht zu heiraten, eingreifen konnte, auch wenn der Ungehorsam der elterlichen Autorität gegenüber als Sünde betrachtet wurde. Dadurch wuchs der Einfluss der Kirche auf das Zustandekommen einer Ehe beträchtlich. Gegenüber dieser Haltung, die den Ungehorsam gegenüber den Eltern zwar als Sünde ansah, eine Eheschließung gegen den Willen der Eltern aber gleichwohl akzeptierte, so dass die Betonung des Konsenses sich gegen den Einfluss familiärer Kalküle stellte und den Einfluss der Kirche stärkte, betonte Luther wieder die Bedeutung der Zustimmung durch die Eltern.[5] Dies war konsequent, wurde damit doch der Anspruch der Kirche, den familiären Einfluss zugunsten der eigenen Autorität zurückzudrängen, bestritten. Die Betonung des Konsenses zeitigte auch eine wenig willkommene Folge, weil dadurch die so genannten klandestinen, also die heimlich geschlossenen Ehen, gefördert wurden, was den Einfluss der Kirche wieder schmälerte und ihr einen Grund gab, dagegen vorzugehen. Ein wichtiges Konfliktfeld zwischen familiären Kalkülen und feudalen Strategien einerseits und dem kirchlichen Streben nach Einfluss und Vermögen andererseits zeigte sich nicht zuletzt darin, dass die Ehe nach Ansicht der Kirche nicht der Erzeugung von Erben, sondern der Erziehung von „Gottesverehrern" zu dienen habe.[6]

Im Rahmen von Heiratsstrategien, die der Hervorbringung legitimer Nachkommen sowie der Mehrung von Status und Vermögen dienen sollten, wirkte passionierte Liebe kulturübergreifend eher als Störfaktor, was in der griechischen und römischen Antike den Grund dafür abgab, diesen Zustand als eine Krankheit anzusehen, die es zu heilen gilt.[7] Liebe ist Passion, weil sie den Menschen überfällt und zu unüberlegten Handlungen anleitet, die den vernünftigen Kalkülen von Familie und Gemeinwesen zu widerstehen geneigt sind.[8] Leidenschaftliche Liebe ist gefährlich, wenn es um die Aufrechterhaltung der sozialen Ordnung, sexuelle Neigung hinderlich, wenn es um die Erfüllung der ehelichen Pflicht geht. Es überrascht daher kaum, dass Liebe nicht nur nicht als notwendige oder gar ausreichende Basis für eine Ehe angesehen wurde. Ehe und Liebe galten sogar als unvereinbar. Allerdings wurden nur wenige Ehen im strengen Sinn arrangiert, weshalb junge Männer und Frauen meist auch Wahlmöglichkeiten genossen. Dadurch gab es Raum für affektive Bindungen, so dass Ehegatten einander aus Liebe zugetan sein mochten, doch konnten solche Gefühle durch eine restriktive Heiratspraxis gelenkt sein.[9] Wo Ehen arrangiert wurden, ging man davon aus, dass dem Akt der Eheschließung die Zuneigung der Partner schon folgen würde.[10] Selbst in den (oft stark idealisierten) literarischen Zeugnissen, die von Gefühlen aufrichtiger Liebe handeln, spiegelt die Harmonie der Eheleute die Harmonie der öffentlichen Ordnung wider, befinden sich Hausstand und Gemeinwesen im Einklang. Das emotionale und individuelle Moment in der Geschlechterbeziehung, das wir heute „Liebe" nennen, mochte somit zu allen Zeiten existiert haben, es wurde nur nicht als Basis der Ehe angesehen.[11] Legitime Nachkommen rechtfertigen, pointiert formuliert, die Ehe – eine Einsicht, die nahe an den damaligen Lebensnotwendigkeiten, nahe an den Erfordernissen der Daseinsbewältigung lag.[12] Dazu gehörte wesentlich die Produktion von Gütern, die der natürlichen wie der sozialen Reproduktion zu dienen hatten. Die Absicht, legitime Nachkommen hervorzubringen, unterschied die Ehe somit von anderen Verbindungen.

1.1 Starke und schwache Normen

Die Verknüpfung von Produktion und Reproduktion brachte stärkere und schwächere Normen hervor. (1) Ableiten lässt sich daraus zunächst das *Verbot des Ehebruchs*. Das heißt, ein Mann darf in die Ehe eines anderen Mannes nicht einbrechen. Für eine verheiratete Frau sind sexuelle Akte nur innerhalb der Ehe erlaubt. Missachtet sie diese Bestimmung, begeht sie Ehebruch, weil sie den Herrschaftsbereich ihres Mannes verletzt. Wird der Ehebruch entdeckt, zieht dies in der Regel schwere Sanktionen nach sich. Allerdings lässt sich, wie schon angedeutet, ein Ungleichgewicht beobachten: Die Frau bricht immer die eigene Ehe, während ein Mann nur Ehebruch begeht, wenn die Frau eines anderen Mannes im Spiel ist.[13] Ehebruch wurde nicht als Abbruch eines gegenseitigen Treueverhältnisses, sondern als Einbruch in die Herrschaftssphäre eines Mannes betrachtet. Beim Mann werden deshalb sexuelle Beziehungen – wenngleich nur in maßvollem Umfang – auch außerhalb der Ehe geduldet, solange eben der Bereich eines anderen Mannes nicht tangiert wird. (2) Die Aufforderung zu ehelicher Treue ist also asymmetrisch formuliert, sie gilt im strikten Sinn für die Frauen, selbst wenn von den Männern erwartet wird, mit der eigenen Frau sexuell zu verkehren, wohl weniger der ehelichen Liebe und Zuneigung als vielmehr des sozialen Sinnes dieser Verbindung wegen. Nur so ist es überhaupt nachvollziehbar, dass von ehelicher *Pflicht* gesprochen wird, die mit der sexuellen *Neigung*, die ein Mann außerhalb der Ehe ausleben kann, nicht übereinkommen muss. Den Männern wurde somit sexuelle Abwechslung zugestanden, den Frauen nicht. „Der Tatbestand eines einzigen Fehltritts von seiten einer Frau stellte einen unverzeihlichen Bruch mit dem Eigentumsrecht und dem Konzept der Erbfolge dar, und seine Entdeckung zog unweigerlich scharfe Strafmaßnahmen nach sich. Ehebruch von seiten des Ehemannes wurde demgegenüber allgemein als bedauernswerte, aber nachvollziehbare Schwäche gedeutet."[14] (3) Natürlich sind auch sexuelle Akte *vor der Ehe* verboten, und hier wiederum in klarer Asymmetrie, also für Frauen: Sie stehen entweder noch unter der Obhut ihres Vaters oder schon unter der ihres zukünftigen Mannes.[15] Bei Männern hingegen werden sexuelle Beziehungen vor der Ehe akzeptiert. (4) Akte, die dem Erfordernis der Hervorbringung legitimer Nachkommen widersprechen, werden moralisch erschwert oder doch zumindest gegenüber jenen Akten abgewertet, die dem Fortdauern der Familie und nicht zuletzt dem Wohl des Gemeinwesens dienen. Darunter fallen drei Kategorien: (a) lustbetonte heterosexuelle Akte ebenso wie (b) homosexuelle Akte, die nicht auf die Hervorbringung von Nachkommen ausgerichtet sind bzw. sein können,[16] außerdem, logischerweise, (c) die Masturbation. Solange die Produktion legitimer Nachkommen für eine Gemeinschaft überlebenswichtig ist, kann man alle sexuellen Akte, die diesem Zweck nicht dienen und in dieser Hinsicht gegen die (soziale) Natur des Menschen gerichtet sind,[17] als asozial bewerten. Der Vorwurf rein hedonistischer Handlungen liegt dann in allen drei Fällen nahe und wird auch so formuliert. Da Homosexualität lange Zeit nicht als Veranlagung, sondern als selbstgewählte Abweichung von dem, was „normal" oder eben natürlich ist, angesehen wird, kann der Vorwurf des Hedonismus im moralischen Gestus vorgetragen werden: Wer so lebt, leistet nicht den erwartbaren Beitrag zur Reproduktion und somit zur Produktion einer Gemeinschaft. Wo die eheliche Pflicht erfüllt und so für Nachkommen gesorgt wird, wird die lustbetonte sexuelle Neigung geduldet (hier haben wir es mit den bereits erwähnten schwächeren Normen zu tun, im Gegensatz zu den stärkeren Normen, die sexuelle Akte vor und außerhalb der Ehe – bedingt für den Mann, unbedingt für die Frau – verbieten), und zwar sowohl bei heterosexuellen Akten innerhalb wie außerhalb der Ehe wie auch bei homosexuellen Akten (jeweils wiederum bei Männern, Frauen waren dabei kaum im Blick).[18]

Alle Normen, die sexuelle Akte regulieren, sind somit aus der normativen Logik der Hervorbringung legitimer Nachkommen ableitbar und auf diesem lebensweltlichen Hintergrund keineswegs weltfremd: Vor- und außereheliche sexuelle Beziehungen sind verboten für Frauen, sofern sie einem Mann (ihrem Vater oder Ehemann) unterstehen, für Männer nur, insofern die Rechte anderer Männer (also des Vaters einer Frau oder des Ehemannes) tangiert sind, rein lustbetonte heterosexuelle bzw. homosexuelle Akte, aus denen keine Nachkommen hervorgehen sollen bzw. können, werden moralisch erschwert. Die christliche Theologie verschärfte und vereinheitlichte diese Normen im Lauf der Zeit: Jeder Akt, der ihnen widerspricht, gleich ob von einem Mann oder einer Frau ausgeübt, so wird dann gesagt, sei schwere Sünde. Bis heute wird durch das Lehramt der katholischen Kirche der Standpunkt vertreten, sexuelle Akte vor und außerhalb der Ehe, heterosexuelle Akte ohne das Ziel, Nachkommen zu zeugen, homosexuelle Akte (die ja keine Nachkommen hervorzubringen vermögen) sowie Masturbation stellen Todsünden dar, die einen Menschen vom ewigen Heil ausschließen.

1.2 Ehe und Liebe

In der traditionellen Normativität der Ehe, so könnte man bilanzieren, ist das, was wir heute Liebe nennen, nicht ausgeschlossen: Es kann sie geben, doch muss es sie nicht geben. Eine Ehe darf ohne Liebe bleiben, doch keine Liebe, und das heißt: sexuelle Beziehung, ohne Ehe sein. Die Liebe leistet für die Ehe, so könnte man in klassischer Terminologie sagen, einen akzidentellen, keinen substanziellen Beitrag. Eher durfte sich eine arrangierte Heirat gegen die Liebe zweier Menschen stellen, wofür es viele (auch literarische) Zeugnisse gibt, als die Liebe gegen eine solchermaßen vorbestimmte Ehe.[19] Wurde von ehelicher Liebe gesprochen, was ab dem Mittelalter verstärkt zu beobachten ist, war die freundschaftliche Verbundenheit eines Paares gemeint, das eine Lebensgemeinschaft bildet.[20] Ein deutliches Zeichen für den *Vorrang der Ehe vor der Liebe* ist, dass man nach dem Tod des Ehepartners grundsätzlich wieder frei war für eine erneute Heirat. Das gilt sogar für die christliche Theologie, die jenseits der phänomenalen Verbundenheit der Ehepartner ein noumenales Band annahm, das unauflöslich ist. Die affektive Liebe zweier Menschen spielte somit keine signifikante Rolle, wäre es doch sonst rätselhaft, mit dem Tod des Ehepartners selbst das Ende der Liebe anzunehmen, die ein Paar verband. Erst als die Liebe zum Grund für die Ehe wird, wird der Fortbestand dieser (romantischen) Liebe über den Tod hinaus zum Thema. Damit wird die Vorstellung eines unauflöslichen Bandes konsequenter und radikaler formuliert und der *Vorrang der Liebe vor der Ehe* proklamiert.

Die sexuell basierte oder sinnliche *Liebe* (bzw. auch jede sexuelle Beziehung, die ohne jene affektive Komponente, die wir als Liebe bezeichnen, besteht) wird in diesem nur skizzenhaft vorgetragenen traditionellen Verständnis als *norma-*

tives Derivat der Ehe verstanden. Historisch betrachtet, wird sich dieses Verhältnis allmählich umkehren: Liebe wird als Grund für eine Ehe gefordert, so dass es eher eine Liebe ohne Ehe als eine Ehe ohne Liebe geben soll. Liebe wird nicht länger als Folge der Ehe und so als solidarische Freundschaft zwischen Ehepartnern verstanden. Vielmehr soll die Ehe auf Liebe gründen. Die aus Liebe, nicht aus Vernunft geschlossene Ehe wird zum Ideal. Die *Ehe* wird, mit anderen Worten, mehr und mehr als *normatives Derivat der Liebe* angesehen. Für diesen Wandel von der Vernunftehe zur Liebesheirat, der sich, grob gesagt, im 17. und vor allem im 18. Jahrhundert unverkennbar vollzog,[21] gab es bereits ab dem Mittelalter einzelne zaghafte Spuren, die immer stärker wurden, während die theologischen Strömungen und kirchlichen Strategien diese Entwicklung weitgehend ignorierten und der normativen Logik der Ehe verpflichtet blieben.[22] Die Liebe wird nun in dieser Logik zum zentralen ehebegründenden Motiv. Eine rein aus Kalkül geschlossene Ehe wird mehr und mehr abgelehnt. Damit ziehen Freiheit und Gleichheit in die eheliche Liebe ein. Am Ende dieser Entwicklung bilden Begehren und Liebe eine selbstverständliche Einheit: Wer von Liebe spricht, meint nicht mehr Freundschaft, sondern sexuell basierte Liebe. Das sinnliche Begehren hat in dieser Vorstellung von Liebe mit der Identität eines Menschen zu tun, sein Selbst drückt sich darin aus, nicht nur und auch nicht vorrangig das, was gesellschaftlich erwartet wird.

1.3 Kulturelle Differenzen

Ging es bislang um die gemeinsame Logik jenes Paradigmas, das wir mit der Wendung von der „Hervorbringung legitimer Nachkommen" bzw. mit der Formel von der „Liebe als nor-

mativem Derivat der Ehe" kennzeichneten, gilt es abschließend, die kulturellen Differenzen aufzuzeigen, die nicht über-
sehen werden dürfen. Der Vergleich von Positionen der antiken Philosophie wie der antiken Theologie mit biblischen
Aussagen zum Phänomen Liebe verweist auf die Eigenständigkeit dieser drei Reflexionskulturen, die zwar auch in sich
wiederum keineswegs homogen sind, aber doch charakteris-
tische Eigenschaften aufweisen: die antike Philosophie in der
vernünftigen Begrenzung, die biblischen Schriften in der affektiven Entgrenzung und die antike Theologie in der erbsündlichen Versehrtheit der Liebe.[23]

Unterschiedliche Bewertungen von Sinnlichkeit und Lust

Deshalb stellen, wie wir noch genauer sehen werden, die
etwa von Augustinus angestellten Überlegungen nicht einfach eine Synthese von Aussagen der griechischen Philosophie und der biblischen Schriften dar. Sie führen vielmehr
eine Abwertung der menschlichen, insbesondere der sinnlichen Liebe ein, die so weder die paganen noch die biblischen Schriften kennen und die erst durch Thomas von
Aquin korrigiert, wenn auch nicht wirklich überwunden werden wird. Die *pagane Moral* erscheint eher in der Form der
Lebenskunst oder Selbstsorge, in der Form einer Haltung,
denn, wie im Christentum, als kodifizierte Moral, als festgeschriebene Forderung, zu der man sich verhalten muss,
die überwacht und deren Übertretung sanktioniert werden
kann. Es geht den paganen Philosophen um das richtige Verhältnis zu sich selbst wie auch zur Gemeinschaft. Beide
Aspekte sind, wie wir gesehen haben, nicht zu trennen, auch
nicht in Liebesdingen: Man soll sich von Begierden und Leidenschaften nicht beherrschen lassen, sondern die Sinne
beherrschen, um nicht von ihnen versklavt zu werden.[24] Die

sexuelle Mäßigung ist Ausdruck von Freiheit, die sich in der Haltung der Selbstbeherrschung manifestiert. Zur *christlichen Moral* hingegen gehört eine immer intensivere Problematisierung des Begehrens, in dem man das ursprüngliche Mal der gefallenen Natur sieht. Augustinus bezeichnet die Lust ausdrücklich als ein Übel. Auch die *biblische Moral* kennt strikte normative Einschränkungen sexueller Akte, doch verraten beispielsweise die Sehnsuchts- und Entsagungsbilder des Hoheliedes zugleich, dass das sinnliche Begehren keinem Sündenverdacht anheimfiel, selbst wenn es starken gesellschaftlichen Restriktionen unterworfen war, wozu auch normative Vorstellungen von Reinheit und Unreinheit gehörten.[25] Die biblischen Schriften zeigen ein unbefangenes Verhältnis zum Affekt der Liebe, der neben dem sinnlichen Begehren freilich auch den Aspekt der loyalen Verbundenheit birgt. Die christlichen Theologen kennen neben der erbsündlichen Versehrtheit des sinnlichen Begehrens auch die Forderung, den Affekt der Liebe durch Vernunft zu beherrschen, eine Vorstellung, die, wie gesagt, die paganen Philosophen diskutieren, den biblischen Schriften allerdings ebenfalls unbekannt ist, übertrifft die Liebe doch alles.

Zwecke und Güter der Ehe

Die bei Augustinus entfaltete Lehre von den Zwecken der Ehe, die den Defekt der sinnlichen Liebe zwar nicht vollständig heilen, aber doch kompensieren sollen und können, weil sie Güter *(bona)* zu erzeugen in der Lage sind, so dass die Ehe selbst zu einem Gut wird, ist keine Erfindung der Theologie, sondern in der antiken Philosophie vorgeprägt. So betonen pagane Autoren, die *Gemeinschaft zwischen Mann und Frau* bilde ein Ziel bzw. einen Zweck der Ehe, und dieser Zweck habe gegenüber der *Erzeugung von Nachkommen*, die ja (wenigstens im Prinzip) in jedweder Verbindung stattfinden könne, Vorrang. In den beiden Zwecken artikuliert sich, wie bereits betont, die Verpflichtung, legitime Nachkommen hervorzubringen. Doch wird schon hier die Sicht, die Ehe diene der Hervorbringung von Nachkommen, zugunsten einer durch Vertrauen und Treue geprägten, eben auch freundschaftlichen Bindung differenziert. Der paganen Welt galt zudem Sexualität als natürliches körperliches Verhalten, das ein Heilmittel gegen die Krankheit der Passion, also gegen leidenschaftliche und deshalb unkalkulierbare Liebe sein konnte. Damit stehen in der paganen Antike bereits die wirkmächtigen Bestimmungen der Ehe bereit, die die christliche Theologie unentwegt erwägen wird: (1) Nachkommenschaft (*proles*) und (2) treue und vertraute Lebensgemeinschaft (*fides*) sowie, in einer etwas anderen Akzentuierung, (3) eheliche Pflicht (*officium*) sowie (4) Heilmittel (*remedium*) gegen eine zur Maßlosigkeit neigende Begehrlichkeit, die eine eheliche Gemeinschaft gefährden konnte.

Auch wenn es falsch ist, seine Ausführungen zur Ehe auf einen simplen moralischen Schematismus zu reduzieren, was häufig geschieht, betont Augustinus die intentionale Verfügung des Menschen über seine Handlungen und unterscheidet deshalb zwischen den Zwecken und den Gütern einer Ehe. Die beiden *Zwecke* der Ehe, nach denen die Gatten handeln sollen, bringen spezifische *Güter* hervor. Der eine Zweck ist die Hervorbringung von Nachkommen, der andere Zweck die Herstellung einer treuen und vertrauten Gemeinschaft, die einerseits die Legitimität der Nachkommen und andererseits die gegenseitige Hilfe der Ehegatten sichern soll, weshalb es gilt, Begehrlichkeiten, die diese Gemeinschaft gefährden könnten, abzuwehren. Nur zögerlich wird innerhalb der Theologie der negativ gefärbte Aspekt der Vermeidung von Untreue und Unzucht gegenüber dem positiven

Aspekt der beständigen Lebensgemeinschaft betont (erst ab dem 13. Jahrhundert wird dem ehelichen Akt zugestanden, verdienstvoll und tugendhaft sein zu können). Die Formel, die Ehe diene als Heilmittel gegen ungeordnete Begierden, bringt zwei Tendenzen zusammen, nämlich die pagane Abwehr überbordender affektiver Kräfte und die christliche Verdächtigung der geschlechtlichen Lust. Daraus entwickelt sich die nachsichtigere Beurteilung, sexuelle Akte zwischen Ehepartnern könnten dazu angetan sein, den Partner oder sich selbst vor Untreue zu bewahren, sollte die Befriedigung der Lust außerhalb der Ehe gesucht werden, bzw. den Partner oder sich selbst vor Unzucht zu schützen, sollten sexuelle Akte zwar innerhalb der Ehe vollzogen, aber nur der Lust wegen unternommen werden.

Augustinus spricht also nicht nur von ehelicher Untreue, sondern auch von der Vermeidung von Unzucht, wenn man begrifflich so unterscheiden will. Was damit gemeint ist, wird deutlich, wenn er vom Zweck spricht, Nachkommen zu erzeugen, weshalb sexuelle Akte nicht der Lust zu dienen haben, vielmehr die Lust ausschließlich in den Dienst der Erzeugung von Nachkommen gestellt werden soll. Die pagane Philosophie teilt diese Sichtweise nur insofern, als sie mahnt, die Lust solle den Menschen nicht in einer gemeinschaftsschädigenden Form überwältigen, vielmehr solle sie in den Dienst der Hervorbringung legitimer Nachkommen gestellt werden. Problematisch ist also für diese Autoren die Maßlosigkeit der Lust, nicht die Lust selbst, die gut, weil natürlich ist. So gibt es auch in der paganen Antike Stimmen, die zwischen der sexuellen Lust und der Erzeugung von Nachkommen eine innere Verbindung erblicken, weshalb die sexuelle Lust nicht um ihrer selbst willen erstrebt werden soll (nicht einmal innerhalb der Ehe, wo sie, könnte man sagen, ihren bevorzugten, wenn auch nicht ausschließlichen Ort hat).[26] Sofern Augustinus die Lust nicht, wie die pagane Philosophie, als gut, sondern als an sich schlecht ansieht, gewinnt dieser Ehezweck eine andere Akzentsetzung, gilt es doch, nicht in die Lust einzuwilligen oder sie gar zu steigern, was als ungeordnete Begierde betrachtet wird. Für Augustinus bleiben sexuelle Akte, die allein der Erzeugung von Nachkommen dienen, sündenfrei, sexuelle Akte, die die Lust befriedigen, stellen innerhalb der Ehe eine lässliche, außerhalb der Ehe eine schwere Sünde dar, wobei der Partner, der die Lust als etwas Unvermeidbares zulässt, damit der Partner, der die Lust als etwas Begehrenswertes sucht und somit auf lässliche Weise sündigt, nicht der Untreue bzw. Unzucht verfällt, sündenfrei bleibt.

Der Verwirklichung der beiden Ehezwecke entspringen nach Augustinus nun die Güter (*bona*) der Nachkommenschaft (*proles*) und der verlässlichen ehelichen Gemeinschaft (*fides*). Die Zeugung von Nachkommen bedeutet für die Menschheit nach dem Sündenfall, der die Sterblichkeit mit sich bringt, so viel wie die Nahrung für den Menschen. Dabei geht es Augustinus nicht um die pure Vermehrung der (bereits üppigen) Menschheit, die sowohl von verheirateten wie auch von unverheirateten Paaren geleistet werden kann, sondern um die Erziehung hin zu einer heiligen Gesellschaft, die in der Freundschaft der Ehegatten gründet, zu der jedoch auch die enthaltsam Lebenden beitragen können; andernfalls wäre es ja nicht plausibel, warum der Enthaltsamkeit christlicherseits ein Vorrang vor der Ehe zugemessen werden kann. Auch wenn die Ehe als Heilmittel gegen die Begehrlichkeit (*remedium concupiscentiae*) verstanden und empfohlen wird, geht die Freundschaft der Ehegatten über die bloße Vermeidung von Untreue hinaus: Sie soll einer Beziehung der Treue und des Vertrauens Raum geben. Die Ehe hat die Funktion, die Gesellschaft zu einen, sie ist, wie Augustinus auch sagt, ein *seminarium civitatis*.[27] Den beiden klassischen Gütern, die auch pagane Zeugnisse bieten, muss also durch die christliche Tradition nur das bislang noch nicht erwähnte Gut der Sakramentalität (*sacramentum*) hinzugefügt werden, welches für das Band des ehelichen Bundes steht. Selbst dieses Gut kann nicht einfach genuin christlich genannt werden, finden sich doch ähnliche Vorstellungen von der Dauerhaftigkeit einer ehelichen Verbindung bereits in der paganen Umwelt. Allerdings verknüpft Augustinus mit dem Begriff *sacramentum* bereits die Vorstellung eines Zeichens, das die Ehe unauslöschlich prägt und deshalb auch nicht der Absicht der Ehegatten unterliegt, vielmehr eine Prägung durch Gott und somit keinen Zweck, der intentional bewirkt werden kann, sondern nur ein Gut darstellt.[28]

In einer deutlich verarmten Schematisierung kristallisieren sich im Lauf der weiteren Entwicklung immer mehr jene Ehezwecke heraus, die dann in der kirchlichen Lehrtradition aus dem viel reichhaltigeren theologischen Kontext, den Augustinus bietet, herausgelöst und ebenso selektiv wie primitiv gefordert werden, also die Zwecke der *propagatio prolis* und des *remedium concupiscentiae*. In den Begriff der Begehrlichkeit geht, wie gesagt, nicht nur die pagan gefürchtete Maßlosigkeit, sondern auch die christlich bekämpfte Sündhaftigkeit der Lust ein. Manchmal wird mit Blick auf das Paradies von der Pflicht (*officium*), Nachkommen zu zeugen, gesprochen, gelegentlich wird der Begriff *officium* mit Blick auf den Sündenfall mit der Bedeutung versehen, den Partner durch den ehelichen Verkehr vor ungeordneten Begierden zu bewahren.[29] Monogamie, Exogamie (wir werden darauf noch zurückkommen) sowie die Unterdrückung der Lust bilden die von der Kirche favorisierten Themen. Die an die Männer adressierte Erwartung, bis zur Hochzeit keine sexuellen Beziehungen zu pflegen (für Frauen stellte das keine Erwartung, sondern eine Voraussetzung für die Ehe dar), oder die Empfehlung, die Ehefrau zu lieben, sind im Vergleich zu diesen stark betonten Verpflichtungen nur schwach ausgeprägt.

Das ändert sich erst viel später und auch da nur zaghaft. So unterscheidet etwa Anselm von Laon im 12. Jahrhundert, darin noch Augustinus folgend, zwei Einsetzungen der Ehe und zwei Ehezwecke (*ad officium* vor und *ad remedium* nach dem Sündenfall), wobei hier nur der negative Aspekt der Vermeidung von Unzucht, nicht hingegen der positive Aspekt der ehelichen Treue erwähnt ist. Weil jedoch, so deutet er Augustinus, zwischenzeitlich eine ungeheure Menschenmenge existiert, die dazu angetan ist, die Zahl der Heiligen zu erfüllen, ist das Eingehen einer Ehe nicht mehr durch die Notwendigkeit, Nachkommen zu zeugen, sondern nur noch aufgrund des Drangs der *libido* gefordert. Daher genügt für das Eingehen einer Ehe die Absicht, der Möglichkeit, in Unzucht zu fallen, vorzubeugen, wenn die Zeugung von Nachkommen nicht vermieden oder verhindert wird. Somit, so könnte man diese Aussagen deuten, steht für Anselm der Zweck der Vermeidung von Unzucht an erster, der Zweck der Fortpflanzung hingegen an zweiter Stelle. Andererseits behandelt er die Vermeidung von Unzucht als das nächste Ziel, das dem Letztziel der Hervorbringung legitimer Nachkommen untergeordnet bleibt. Von einer schlichten Rangordnung der Ehezwecke kann also nicht gesprochen werden. Zudem erwähnt er eine dritte Einsetzung der Ehe, nämlich das Verbot der Väter, sich mit Blutsverwandten zu verbinden (die erwähnte Regel der Exogamie).[30] Im Hintergrund dieser Aussage steht die von der Kirche bekämpfte Strategie, durch enge verwandtschaftliche Bindungen Einfluss und Vermögen in der Familie zu halten oder sogar noch zu vermehren. Wo dieses Ziel keinen Grund mehr dafür darstellt, eine Ehe einzugehen, rückt ein anderer Grund in den Vordergrund: Deshalb erwähnt Anselm einen dritten Ehezweck, nämlich die Veranlassung größerer Liebe. Er holt damit den noch vernachlässigten Aspekt ehelicher Treue ein und betont ihn sogar. Mehr und mehr treibt die Strategie der Kirche, Ehen unter engen Verwandten zu verhindern, ungewollt eine neue Bedeutung hervor: Die Ehe dient nicht länger der Vermehrung von Einfluss und Vermögen, vielmehr wird die Liebe als Grund für eine Ehe zunehmend anerkannt. Bestätigt wird diese Verschiebung durch die Haltung Luthers zur Ehe unter nahen Verwandten, die er zwar nicht als schädlich, aber auch nicht als ratsam betrachtet, weil die Gefahr besteht, dass die Eheleute nicht aus Liebe, sondern eben aus dem Kalkül heraus heiraten, Einfluss und Vermögen innerhalb der Familie zu halten. Zuvor erkennt Johannes Duns Scotus das *bonum sacramenti* als einen gegenüber dem *bonum prolis* und dem *bonum fidei* gleichwertigen Rechtfertigungsgrund für den ehelichen Akt an, wozu Thomas von Aquin nicht bereit ist.

Eine Rangordnung der Ehezwecke, die ab der Frühscholastik intensiv diskutiert wurde, ist, so könnte man bilanzieren, zumindest dort nicht erkennbar, wo diese, wie bei Augustinus, in einen gehaltvolleren Kontext eingebettet werden, als es die Reduktion auf zwei mechanisch abarbeitbare Zwecke vermuten lassen könnte, und sie verschwindet ab der Hochscholastik immer mehr und macht ausgewogeneren Konzepten Platz. Von der Liebe der Ehepartner im uns heute geläufigen Sinn ist lange Zeit nicht und später auch nur vereinzelt und in spiritualisierender Absicht die Rede. Vielmehr geht es um eine verlässliche, von Freundschaft geprägte Lebensgemeinschaft (*amicitia coniugalis*), in der Produktion und Reproduktion Hand in Hand gehen. Die später lehramtlich geäußerte Behauptung, der Zweck der Erzeugung von Nachkommen sei dem Zweck der ehelichen Gemeinschaft übergeordnet, kann sich deshalb nicht auf die theologische Tradition stützen, ganz im Gegenteil, entspricht es doch der traditionellen normativen Logik, dass Nachkommen in jeder beliebigen Verbindung entstehen können, legitime Nachkommen jedoch nur in einer Ehe, die als die treue und vertraute Gemeinschaft eines Paares beschrieben wird, das sich gegenseitig Hilfe ist und füreinander sorgt. Schließlich kennt die theologische Tradition seit Albertus Magnus und Thomas von Aquin (wir werden darauf noch zurückkommen) die Integration der Lust in das eheliche Leben, selbst wenn die klassischen Bestimmungen dominant bleiben.

2. Reine Hände, reine Herzen

Weil sie die Sexualität in die geordneten, „natürlichen" Bahnen der Zeugung legitimer Nachkommen lenkt, genießt die Ehe in der christlichen Tradition eine hohe Wertschätzung. Hinter dieser Achtung ehelicher Sexualität verbirgt sich zugleich eine Geringschätzung der sexuellen Lust. Das tiefe Misstrauen gegenüber der Geschlechtlichkeit hat etwas zu tun mit der Sorge um eine mögliche Verletzung der Würde eines geistlichen Lebens. Auf beide Aspekte – die Haltung gegenüber der sexuellen Lust und die Vorstellung von einer menschenwürdigen Sexualität – werden wir an anderer Stelle näher eingehen. In diesem Kapitel soll es um den Einfluss eines Denkens auf die Wahrnehmung menschlicher Sexualität gehen, dessen Wucht auf die geschichtliche Entfaltung christlicher Sexualethik nicht zu unterschätzen ist – um das kultische Reinheitsdenken.

Wie sehr der Gedanke einer Befleckung (*pollutio*) durch Sexualität in der katholischen Morallehre nachwirkt, zeigt die Erklärung *Persona humana* „zu einigen Fragen der Sexualethik", veröffentlicht 1975 von der Kongregation für die Glaubenslehre. In einer Passage über die Masturbation, jenen „schweren Verstoß gegen die sittliche Ordnung"[1], wird zwar eingeräumt, dass es für das negative Urteil keinen eindeutigen biblischen Beleg gebe, zugleich aber wird betont, dass die Tradition richtig liege, wenn sie die biblische Verurteilung von „Unreinheit" auf die Masturbation beziehe. Belegt wird diese Überzeugung unter anderem mit einem Brief von Leo IX. aus dem Jahr 1054, in dem der Papst ausdrücklich von der Befleckung durch Masturbation und gleichgeschlechtliche Praktiken spricht und Kleriker, die sich durch solche Abscheulichkeit (*foeditas*) befleckt haben, „von allen Stufen der unbefleckten Kirche (*immaculatae Ecclesiae*) vertrieben"[2] wissen will, es sei denn, sie sühnen ihre Taten und zügeln ihre Lust. Dieser Rückgriff auf eine Quelle am Ausgang des Frühmittelalters lenkt den Blick auf eine Kultur, in der kultisches Reinheitsdenken (wieder) große Bedeutung gewonnen hat.[3] Der biblische Ursprung dieses Denkens liegt im Alten Testament.

2.1 Von kultischer und ethischer Reinheit in der Bibel

Im sogenannten Reinheits- und Heiligkeitsgesetz des Buches Levitikus stoßen wir auf die religiöse Vorstellung, dass Sexualvorgänge den Menschen verunreinigen und dadurch Kultunfähigkeit bewirken können: „Hat ein Mann Samenerguss, soll er seinen ganzen Körper in Wasser baden und ist unrein bis zum Abend" (Lev 15,16). Dasselbe gilt für Mann und Frau nach dem Geschlechtsverkehr (Lev 15,18). Die Menstruation verunreinigt die Frau sieben Tage lang (Lev 15,19), „schläft ein Mann mit ihr, so kommt die Unreinheit ihrer Regel auf ihn. Er wird für sieben Tage unrein" (Lev 15,24). Im Zustand der Unreinheit darf das Heiligtum nicht aufgesucht werden. Diese uralte religiöse Vorschrift wird gedeutet als Ausdruck der Furcht, „dass das Unreine und damit die Todessphäre dem heiligen und lebendigen Gott im Kult gegenübertritt."[4] Samenerguss und Blutfluss gehen, so der Gedanke, mit einem Verlust von Lebenskraft einher. Sicher ist für die kultischen Reinheitsvorstellungen auch alltägliche hygienische Vorsicht verantwortlich, wenn es um krankhafte Phänomene geht. Gleichzeitig begegnet uns hier ein „vor-ethisches Erklärungsmuster"[5], da die Sanktionen, die für den Fall des falschen Kontakts mit dem Heiligen befürchtet werden, nicht auf moralischen, sondern auf körperlichen Zuständen beruhen.

Zu einer deutlichen innerbiblischen Akzentverschiebung gegenüber dem kultischen Reinheitsdenken kommt es bei den alttestamentlichen Propheten. „Aber eure Vergehen stehen trennend zwischen euch und eurem Gott (...). Denn eure Hände sind mit Blut befleckt, eure Finger mit Unrecht. Eure Lippen reden Lüge, eure Zunge flüstert Bosheit" (Jes 59,2f.). Die Reinheit, auf die es jetzt ankommt, ist die sittliche Reinheit des Herzens im Sinne einer ethisch guten Gesinnung: „Fürwahr, Gott ist gut für Israel, für alle, die reinen Herzens sind" (Ps 73,1, siehe auch 2 Chr 30,18–19). Reinheit wird zur Metapher.

Das Neue Testament folgt diesem ethischen Konzept. Das Reinheitsgesetz büßt hinsichtlich des Umgangs mit der menschlichen Sexualität seine Autorität ein. Jesu Umgang mit der blutflüssigen Frau (Mt 9,20–22) wird zum Vorbild einer neuen Haltung. Der innere Mensch erfährt eine entschiedene religiöse Aufwertung: „Was aber aus dem Mund herauskommt, das kommt aus dem Herzen und das macht den Menschen unrein. Denn aus dem Herzen kommen böse Gedanken, Mord, Ehebruch, Unzucht, Diebstahl, falsche Zeugenaussagen und Lästerungen. Das ist es, was den Menschen unrein macht; aber mit ungewaschenen Händen essen macht den Menschen nicht unrein" (Mt 15,18–20). Ethische Sexualvergehen – und nicht wie im Reinheits- und Heiligkeitsgesetz des Buches Levitikus „Befleckungen" durch Blut oder Sexualstoffe – treten in den Mittelpunkt: Ehebruch, Ausschweifungen oder Praktiken, die als typisch heidnische Laster gelten, bei Paulus etwa gleichgeschlechtliche Handlungen (Röm 1,27).[6] Eine gnostisch-dualistische Zurückweisung von Ehe und Fortpflanzung gilt im Glauben an die von Gott geschaffene und durch Christus erlöste Welt als Irrlehre

(1 Tim 4,3; vgl. 1 Kor 10,26). „Denn alles, was Gott geschaffen hat, ist gut, und nichts ist verwerflich, wenn es mit Dank genossen wird" (1 Tim 4,4; vgl. Röm 14,20).

2.2 Befleckung und Sünde – Folgen einer Verknüpfung

In der antiken Welt entwickelt das Christentum bei aller Übernahme nicht zuletzt stoischer Elemente (Mäßigung der Leidenschaften; Finalisierung auf Fortpflanzung) eine Sexualethik[7], die sich der gesellschaftlichen Disziplinierung weiblicher und männlicher Körper in der Ehe durch asketischen Verzicht partiell entzieht. Vor allem Frauen bot sich durch die religiöse Aufwertung der Jungfräulichkeit eine Alternative zu den Zwängen einer patriarchalen Kultur.[8] Einzelne christliche Zirkel trieb das asketische Ideal zu einer Verneinung der Geschlechtlichkeit überhaupt. Viele andere verteidigten die Würde der christlichen Eheleute und versagten sich der rigoristischen Weltverneinung.

Folgenschwer für die weitere Entwicklung sowohl der christlichen Sexualethik als auch der Theologie des Priesteramtes ist die sich auf das Buch Levitikus – „Seid heilig, denn ich, der Herr, euer Gott, bin heilig" (Lev 19,2) – berufende Überzeugung von der Unvereinbarkeit von Sexualität und Gottesdienst, da die Sexualität den Menschen generell beschmutze.[9] Die neutestamentlich ethische Deutung der Unterscheidung von rein und unrein konnte sich schon in der Alten Kirche nicht nachhaltig behaupten. Das platonische und neuplatonische Ideal einer von den sinnlichen Begierden des Körpers befreiten und gereinigten Seele findet auch bei frühen christlichen Schriftstellern Anklang.[10]

Gegenüber dem von christlichen Autoren unternommenen Versuch, mit Hilfe alttestamentlicher Reinheitsgesetze selbst den ehelichen Geschlechtsverkehr in die Nähe einer moralischen Verfehlung zu rücken, argumentiert Augustinus grundsätzlich: Unreinheit ist nicht per se eine Sünde.[11] Der Samen mag als unrein gelten, aber der Geschlechtsakt dient dem natürlichen wie nützlichen Zweck der Fortpflanzung und kann daher nicht als an sich schlecht bewertet werden. Im Hochmittelalter, bei Thomas von Aquin, kann man jedoch den Eindruck gewinnen, „als ob die ‚Unreinheit' des Geschlechtlichen in einem viel konkreteren Sinne etwas Schmutziges und Schändliches bedeuten solle, vor dem der geistige Mensch sich scheut."[12] Denn warum sonst sollte nach einer nächtlichen Pollution der Gang zur Heiligen Kommunion versagt sein, wenn neben der Verwirrung des Geistes nicht auch die Verunreinigung des Körpers eine Rolle spielte? Thomas schreibt: „Das eine davon tritt immer ein, nämlich eine Art körperlicher Unsauberkeit (*foeditas corporalis*). Mit ihr zum Altare zu treten, ziemt sich nicht wegen der Ehrfurcht vor diesem Sakrament."[13] Die Unreinheit des Körpers könne auch durch eine Beichte nicht kompensiert werden, was dann auch für den ehelichen Verkehr gilt. In diesem Sinne versteht Thomas auch das Gebot in Ex 19,15 („Berührt keine Frau"), das Mose dem Volk Israel zur Vorbereitung auf die Gotteserscheinung am Sinai aufträgt. Erst recht soll der Christ nur mit einem reinen Leib mit dem Leib Christi in Kontakt kommen. Gab es in der Alten Kirche noch die Tradition, die Vorschriften des Heiligkeitsgesetzes für die Christen zu negieren, scheint sich bis zum Mittelalter die Vorstellungwelt der kultischen Befleckung durchgesetzt zu haben.

Als Erklärung für das Zurückdrängen des ethischen Konzepts von rein und unrein wird von Historiker(inne)n aufmerksam gemacht auf die nach dem Zusammenbruch des römischen Imperiums im 5./6. Jahrhundert erfolgende

Begegnung der christlichen Welt mit den eher archaischen Denkweisen der „Einfachkulturen der Völkerwanderung". Durch diesen Inkulturationsprozess sollte es „zu einer über anderthalb Jahrtausende hinweg wirksamen Dominanz des kultischen Reinheitsparadigmas und damit zu einer Geringschätzung der Sexualität kommen."[14] Selbst die ehedem als natürlich akzeptierte, der Zeugung von Kindern dienende eheliche Sexualität wird zu einer Mann und Frau befleckenden Praxis. Durch die etwa in frühmittelalterlichen Bußbüchern erfolgende Gleichsetzung der Befleckung mit einer Sünde wird die Sexualität generell sündhaft, also vor jeder eigentlich ethischen Bewertung und jenseits der Frage der inneren Zustimmung. Religiös besetzte Zeiten – der Sonntag, Hochfeste, Fastenzeiten – fordern von den Eheleuten sexuelle Abstinenz.

Heiligkeit und sexuelle Befleckung entwickeln sich zu einem immer schärferen Gegensatzpaar. Was sich bereits in päpstlichen Dokumenten der Spätantike anbahnt – „Kann ein Unreiner wagen zu beflecken, was heilig ist?"[15] –, hat enorme Auswirkungen auf die christliche Frömmigkeit und Moral. Die ungebrochene, antike Idee der Verunreinigung durch die Menstruation ist fatal für die Stellung der Frau, weil sie mit kultischer Zurücksetzung einhergeht. Als Konsequenz muss die Frau von Amt und Altarraum ferngehalten werden. Mehr als das: Vom Menstruationsblut gehen Gefahren aus, wie Isidor von Sevilla (gest. 636), an Plinius den Älteren anknüpfend, festhält: Nach der Berührung der monatlichen Blutung „werden Früchte nicht reif, wird der Wein sauer, sterben die Kräuter, verlieren die Bäume ihre Früchte, verdirbt der Rost das Eisen, wird Kupfer schwarz."[16]

Für den Priester wird in Verbindung mit dem Aufkommen der täglichen Eucharistiefeier die Forderung der „reinen Hände" in einem verdinglichten Verständnis zur strengen

Pflicht vollständiger sexueller Enthaltsamkeit. Mit „unreinen Händen" dürfe und könne das Opfer nicht dargebracht werden. Der Zölibat wird zur unbedingten Forderung, der Kleriker zum asketischen Mönch. Die Wellen der Verabscheuung sexueller Verunreinigung reichen bis ins 20. Jahrhundert, wie der Kirchenhistoriker Arnold Angenendt rückblickend berichtet: „Das Onanie-Verbot bestimmte total das Leben in den kirchlichen Internaten, den Ordensschulen und Priesterseminaren: keine Illustrierten mit anzüglichen Fotos, keine Literatur mit verführerischen Szenen, erst recht keine erotischen Filme, auch keine Besuche von Familienbädern, sogar Beschränkungen der Ferienzeiten, um nicht zu Hause zu viel böse Welt zu erfahren. Bei der Priesterweihe sollte die Onanie ausgestanden sein (...)."[17] Die eklatante Divergenz zwischen Gebot und Verhalten führte zur demütigenden Erfahrung permanenten Scheiterns und zum fortdauernden Geständnis in der Beichte, denn ohne Beichte war kein Kommunionempfang möglich.

Der Klerus wie die Unverheirateten sahen sich gleichermaßen mit dem Ideal eines sexualitätsfreien christlichen Lebens konfrontiert. Den Eheleuten, denen die Morallehre geschlechtlichen Umgang zugestand, wurde deutlich gemacht, dass ihre Lebensform an den Status der Jungfräulichkeit nicht heranreichen kann: „Die Liebe zu Christus", so erklärt der damalige Regens des Freiburger Priesterseminars und spätere Generalvikar Franz Xaver Mutz in einem Vortrag 1910, „und der Drang, in seiner Nachfolge das Höchste zu leisten, hat in edlen Seelen den sexuellen Trieb und die erotische Liebe vollständig überwunden."[18] Besonders im Blick sind dabei die (jungen) Männer, denen Mutz mit einem Zitat von Hans Wegener zuruft: „Absolutes und ausnahmsloses Reinbleiben von Anfang an ist nicht nur das Beste und eigentlich einzig Menschenwürdige, sondern auch für den normalen jungen Mann weitaus das Leichteste."[19] Für den Kampf gegen die Versuchung und für die Reinheit, die keineswegs alle für das Leichteste hielten, hatte die Verkündigung eine Reihe von Trainingsratschlägen parat – von der richtigen Ernährung bis zur kalten Dusche –, die sämtlich darauf abzielten, die sexuelle Erregung soweit wie möglich unter Kontrolle zu bringen. Im berühmtem sogenannten „Grünen Katechismus" der Deutschen Bischöfe von 1955, ausdrücklich an Kinder gerichtet, wird gemahnt, den „Körper rein und gesund zu erhalten" (Nr. 121). Wenige Zeilen danach wird – ohne auf die Differenz zwischen kultischer und ethischer Reinheit auch nur hinzuweisen – das Neue Testament zitiert: „Selig, die reinen Herzens sind, denn sie werden Gott schauen" (Mt 5,8). „Neue Kraft zum Kampf"[20] um das Reinbleiben versprachen sich Pfarrer noch in den sechziger Jahren durch die Sakramente der Kirche. Die vatikanische Glaubenskongregation schreibt diese Tradition, wie zu Beginn des Kapitels gezeigt, Mitte der siebziger Jahre fort. Die Selbstbefleckung wird von ihr dabei ausführlicher behandelt als etwa die Homosexualität, die erst in den achtziger Jahren auf verstärktes römisches Interesse stößt.

2.3 Eine neue Sakralisierung

Die frühmittelalterliche Tradition der tiefen Verdächtigung der Sexualität versandet in der katholischen Kirche erst mit dem Zerfall des katholischen Milieus in den Jahrzehnten nach dem Zweiten Weltkrieg. Zwar erlebt der Katholizismus mit einer fest umrissenen und modernitätskritischen Weltanschauung, einer starken Persönlichkeitsprägung und dichten Ritualisierung des Alltagslebens in den fünfziger Jahren noch einmal eine letzte Blütezeit, aber die traditionale Lebensweise erweist sich mehr und mehr den modernen „Ansprüchen auf Freiheit, Selbstbestimmung und Autonomie des einzelnen gegenüber (...) nicht gewachsen."[21] Der überlieferte tiefsitzende Argwohn gegenüber der Sexualität, der so eng mit dem Konzept der kultischen Unreinheit verbunden ist, stößt auf immer weniger Resonanz. Er kollidiert mit den Ansprüchen der in die gesellschaftliche Individualisierung und Pluralisierung hineingezogenen Gläubigen, auch in sexueller Hinsicht ein selbstbestimmtes Leben zu führen und sich dabei selbst ein Urteil über die Eigenheit der sinnlichen Liebe zu bilden. Der rasante Autoritätsverlust des kirchlichen Amtes in Fragen der Sexualmoral seit den sechziger Jahren dürfte ganz wesentlich damit zu tun haben, dass die Autonomieansprüche der Menschen immer nur pauschal als Quelle für abweichendes und nie für verantwortliches Handeln gedeutet wurden. Hinzu kommt eine weitere Entwicklung, die weit über den Bereich der Sexualität hinausgeht, aber auf ihn zurückwirkt. Der Religionssoziologe Karl Gabriel formuliert es so: „Im Bild von einer idealen Kirche spielen bei der großen Mehrheit der Katholiken heute sakrale Aspekte so gut wie keine Rolle."[22] Anstelle einer sakralen Aura wird von der Kirche eher eine menschenfreundliche Praxis erwartet. Man könnte von einer Re-Ethisierung des katholischen Christentums sprechen, die auch auf dem Zweiten Vatikanischen Konzil deutlich geworden ist. Die Kirche bekundet ihren Willen zur „aufrichtigen Mitarbeit (...) zur Errichtung jener brüderlichen Gemeinschaft aller"[23], die der Berufung des Menschen entspricht. Die Idee sexueller Enthaltsamkeit um eines würdigen kultischen Vollzugs willen hält sich lediglich im traditionalistischen Sektor der Kirche. In den Gemeinden werden in der Regel verheiratete Diakone ebenso akzeptiert wie die Kommunion-Austeilung durch Laien, Frauen wie Männer. Der uralte biblische Gegensatz zwischen unrein und heilig verliert seine normierende Kraft. Die Kategorie des Sakralen verschwindet jedoch nicht einfach. Die Vorstellung bleibt, dass es etwas gibt, was unvergleichlich und unantastbar ist. Aber das „Objekt" der Achtung hat sich gewandelt. Die Person und ihre Würde sind zum Unantastbaren geworden. Man hat zu Recht von einer „Autosakralisierung der menschlichen Person"[24] gesprochen. Für die Gestaltung der menschlichen Sexualität resultiert daraus gegenüber dem Konzept der kultischen Reinheit als neuer Maßstab der Respekt vor der Selbstbestimmung des und der anderen. Wir werden in einem späteren Kapitel auf diesen Zusammenhang zwischen Menschenwürde und Sexualität näher eingehen.

3. Wechselnde Bewertungen der sexuellen Lust

3.1 Augustinus und der Sündenfall

Viele Dispute, die von den Theologen der frühen Kirche geführt wurden, sind für uns heute nahezu unverständlich geworden. Dazu gehören auch Spekulationen über die geschlechtliche Natur des Menschen. Zumeist wurde bestritten, das erste Menschenpaar habe sich im Paradies auf geschlechtliche Weise vermehren können.[1] Offenbar stellte die sexuelle Fortpflanzung des Menschengeschlechts einen Makel dar, der zum Paradies nicht passen wollte. Die dadurch ausgelöste Frage, warum es dann überhaupt eine Differenz der Geschlechter gebe, wurde mit der Vorsehung Gottes beantwortet: Weil Gott voraussehen konnte, dass der Mensch in Sünde fallen würde, gab er ihm schon im Paradies die Voraussetzungen dafür mit, das Menschengeschlecht auch dann noch erhalten zu können, wenn es (nach dem Sündenfall) mit Sterblichkeit gestraft wäre. In dieser drastischen Haltung ist schon die geschlechtliche Differenz, vollends jedoch das sexuelle Begehren wie auch der sexuelle Akt in einer Weise mit Sünde konnotiert – für die es in der Bibel keinen Anhalt gibt.

Augustinus distanziert sich von diesen Spekulationen in zweifacher Hinsicht. Zunächst entscheidet er sich für die sexuelle Vermehrung auch im Paradies, womit in seinen Augen die geschlechtlichen Kräfte des Menschen den Schöpfer selbst als Rückhalt haben und deshalb nicht grundsätzlich verderbt sein können.[2] Dennoch stellt sich für ihn die Natur der geschlechtlichen Lust als versehrt dar, und zwar durch den Sündenfall. Damit begegnet er dem Einwand, Gott selbst habe doch das Begehren des Menschen geschaffen. Wie könne die Lust dann so stark abgewertet werden? Den Widerspruch in der Aussage, die geschlechtliche Lust, die den Menschen zur Sünde verführen könne, sei von Gott selbst geschaffen, beseitigt Augustinus, genauer gesagt, durch die Theorie von der doppelten Einsetzung der Ehe. Danach ist zu unterscheiden zwischen der Ehe im Paradies und der Ehe nach dem Sündenfall. Der Zweck der Paradiesehe war die Erzeugung von Nachkommenschaft. Dies geschah, so vermutet Augustinus, ohne geschlechtliche Lust (oder vielleicht auch mit einer durch den Willen vollkommen beherrschten Lust).[3] Denn die geschlechtlichen Kräfte und Regungen waren im Paradies ganz dem Willen unterworfen.[4] Konsequent gedacht, konnte es im Paradies gar keinen geschlechtlichen Verkehr gegeben haben, wenn die Nachkommen Adams und Evas außerhalb des Paradieses geboren worden waren (andernfalls hätte der Geschlechtsverkehr der Stammeltern nicht zu Nachkommen geführt, was ja auch einen Mangel oder Makel darstellt). Erst mit dem Sündenfall ist die Lust (*libido*) als eine Kraft, die mit dem Willen (*voluntas*) im Streit liegt, in die Welt gekommen,[5] sie stellt einen Fehler der an sich guten Natur (*vitium substantiae bonae*) dar.[6] Das Begehren (*concupiscentia*) ist eine Strafe für die gefallene Menschheit.[7] Ebenso wie der Mensch Gott gegenüber ungehorsam war, kündigt der Körper dem Geist den Gehorsam auf.[8] Die *concupiscentia*, die den Menschen wie eine Passion zu überfallen und zu beherrschen pflegt, bezeichnet Augustinus als *malum*[9] oder auch als *peccatum*.[10] Die Begriffe *vitium*, *malum* und *peccatum* sind freilich eher im Sinn eines ontologischen Mangels denn im Sinn eines sittlichen Fehlers zu verstehen.[11] Erst allmählich wird sich diese Einsicht so umkehren, dass weniger ein ontologischer Mangel als vielmehr ein sittlicher Fehler beklagt wird – wie wir an Beispielen der Früh- und Spätscholastik sehen werden. Offenbar sieht man den Menschen nicht länger mit Naturkräften konfrontiert, denen er nur schwer widerstehen kann, mehr und mehr wird die Intention als Bestandteil einer Handlung anerkannt, mit der Konsequenz, dass von ihm verlangt wird, Herr seiner selbst zu bleiben, also seine geschlechtlichen Kräfte zu beherrschen bzw. in der rechten Weise zu gebrauchen.

Wenn der Mensch die Zeugung von Nachkommen, so Augustinus, ohne die „libido" nicht erreichen kann, hat er das Übel der Konkupiszenz so zu gebrauchen, dass er von ihr nicht überwältigt wird. Der eheliche Akt, in dem der Mensch die Lust beherrscht, anstatt sich von ihr beherrschen zu lassen, wird als erlaubt angesehen, wenn er in der Absicht geschieht, Nachkommen zu zeugen.[12] Erst wo der Mensch die Lust, die einen ontologischen Fehler darstellt, auch will, begeht er einen sittlichen Fehler. Idealerweise wünschen Eheleute also ein Kind, hingegen keine Lust, wobei Augustinus hier zwischen der Empfindung des Fleisches (*sensus carnis*) und der Begehrlichkeit des Fleisches (*concupiscentia carnis*), zwischen dem unvermeidlichen Fühlen von Lust (*vis sentiendi*) und dem freiwilligen Begehren von Lust (*vitium concupiscendi*) unterscheidet. Gut und frei von jeder Sünde ist der eheliche Verkehr, wenn er in der rechten Absicht, also mit Blick auf die Zeugung von Nachkommen erfolgt, Sünde hingegen, wenn sich die Gatten der Lust ergeben bzw. wenn sie die Lust anstreben.[13] Das Abweichen von der rechten Absicht stellt allerdings nur eine lässliche Sünde dar, denn die Güter der Ehe schützen die Gatten vor dem Begehen einer schweren Sünde.[14] Alle Akte hingegen, die außerhalb der Ehe bzw. gegen den Sinn der Ehe vollzogen werden (etwa wenn die Zeugung von Nachkommen verhindert wird), stellen schwere Sünden dar. Auch dadurch, dass die auf rechte Weise gebrauchten geschlechtlichen Kräfte innerhalb der Ehe ein Gut zu erzeugen vermögen, unterscheidet Augustinus sich von rigorosen Strömungen, denen zufolge die eheliche Geschlechtslust immer Sünde sei. Nach seiner Ansicht ändert sich der Charakter der Ehe: Sie dient, wie vor dem Sündenfall, weiterhin der Fortpflanzung, wird dabei freilich auch zu einem Instrument, um die geschlechtliche Lust einzudämmen bzw. zu domestizieren.[15]

An dieser Haltung sind folgende Aspekte bemerkenswert. (1) Zunächst scheint die Abwertung der Lust für Augustinus prekär zu sein, führt er das Konstrukt des Sündenfalls doch zu dem Zweck ein, Gott, der die Lust geschaffen haben muss, zu entschuldigen. Erstaunlich ist, dass er – im Unterschied zu anderen Autoren – die Lust, nicht die Geschlechtlichkeit des Menschen als etwas begreift, was dem ursprünglichen Bild des Schöpfers widerspricht. In zweifacher Hinsicht verteidigt er die geschlechtliche Natur des Menschen: Sie ist Schöpfung Gottes, weshalb es sie schon im Paradies gab, und ihr Gebrauch ist innerhalb der Ehe als gut zu werten. Blickt man allerdings auf die biblische Tradition, ist die Abwertung der Lust durch die christlichen Autoren eigentlich unbegreiflich. Sie teilen ja nicht nur die pagane Haltung, nach der sich der Mensch der Lust nicht ergeben soll, weil es gilt, Herr über sich selbst zu bleiben, die Lust also durch die Vernunft zu domestizieren. Vielmehr wird in der Lust selbst ein Mangel oder Makel erkannt. Sexuelle Akte sind unabwendbar mit einem Übel verknüpft, auch wenn sie das rechte Maß wahren. Doch nur wer der Begierde nachgibt und die Lust will, handelt schlecht und begeht eine Sünde. Man kann somit das Übel der Lust nicht nur sündhaft, also in schlechter Weise, sondern auch ohne Sünde, also in guter Weise, gebrauchen. Michel Foucault zeigt, dass Augustinus die Maßhaltungslogik der paganen Philosophie mit einer Erbsündenmetaphysik verknüpft: Nach Julian von Eclanum bedient man sich eines *Gutes* in guter Weise, wenn man das Maß der Begierlichkeit wahrt, nach Augustinus bedient man sich hingegen eines *Übels* in guter Weise, wenn man das Maß der Begierlichkeit wahrt.[16] Aus einem Gut wird ein Übel, in dieser Hinsicht zieht Augustinus einen deutlichen Trennstrich insbesondere zur paganen Antike. Dabei lässt sich kaum in Abrede stellen, dass es die „Verwandlung natürlicher Zeugung in die übernatürliche Empfängnis des Gottessohnes als dem Beginn des Heils"[17] war, die zu einer deutlichen Marginalisierung bzw. Abwertung der – dann als unvermeidlich betrachteten – Sexualität mit Blick auf die Reproduktion führte. (2) Augustinus greift also in dieser exzentrischen Sicht nicht einfach die Vorbehalte der paganen Strömungen auf, die in der Lust weitgehend eine ungebrochen natürliche Kraft sehen, eine Kraft, die, wie gesagt, nur dann kritikwürdig wird, wenn sie die Vernunft zu beherrschen droht, anstatt von ihr beherrscht zu werden (hinter dieser Logik stehen jene bereits thematisierten gesellschaftlichen Kalküle, die geschlechtliche Verbindungen nach Gesichtspunkten der Vernunft normieren). Dies verrät seine favorisierte Überlegung, im Paradies könnte es einen Zustand ganz ohne Lust gegeben haben. Allein die von ihm vorgebrachte alternative, in seinen Augen immerhin denkbare Vorstellung, im Paradies habe es geschlechtliche Lust gegeben, allerdings nur in einer durch die Vernunft vollständig beherrschten Form, lehnt sich erkennbar an die Aussagen der paganen Philosophie an. Jedenfalls arbeitet Augustinus innerhalb der Theologie ein Motiv aus, das sich weder in den biblischen Schriften noch in der paganen Philosophie findet, nämlich das Motiv der erbsündlichen Versehrtheit der menschlichen Natur. (3) In der Frage, ob der eheliche Verkehr sündhaft sei, nimmt Augustinus eine strenge, im Vergleich zu anderen Autoren freilich keine rigorose Haltung ein. Sicherlich ist er der Meinung, dass im Menschen der Wille und die Regungen des Geschlechtstriebs in einem ständigen Kampf miteinander liegen. In seiner Auslegung des Genesistextes – einem früheren Werk – sieht er, wie schon Ambrosius, in Adam die geistige Seite des menschlichen Wesens und in Eva die Seite der Sinnlichkeit verkörpert. Im Paradies fand das Böse dadurch Zugang, dass die Begierde jenen Teil der Seele durchdrang, welcher der Vernunft hätte untertan sein müssen wie die Gattin dem Gatten. Durch die Ehe kann die ursprüngliche Rangordnung, die Herrschaft des Geistes über das Fleisch, wieder aufgerichtet werden – vorausgesetzt freilich, dass der Mann nicht die Schwäche Adams zeigt, sondern der Herr seiner Frau bleibt.[18] Augustinus räumt ein, dass der Mensch, obwohl den Begierden der Sinne preisgegeben, das Vermögen bewahrt, dem unheilvollen Einfluss des Bösen zu wehren. Möglich wird dies – so schreibt er in einem späteren Werk – durch die Ehe, die eine gegenüber einer nichtehelichen Gemeinschaft weniger unvollkommene und eine gegenüber den enthaltsam Lebenden weniger vollkommene Lebensform darstelle.[19] Die Sünde des Sexualakts, die außerhalb der Ehe schwere Sünde ist, wird in der Ehe, wie gesagt, zur lässlichen Sünde. Augustinus verschiebt somit die Trennlinie zwischen Gut und Böse: Sie trennt nun nicht mehr die Enthaltsamen von den Verheirateten, sondern die Verheirateten von den Unzüchtigen. Die Ehe ist, wie man sagen könnte, ein Gut an sich, also nicht nur im Vergleich zu anderen sexuellen Verbindungen, denn sonst hätte man sie ja auch als das kleinere Übel gegenüber dem größeren Übel der Unzucht bezeichnen können. Sie ist es jedoch nicht für sich, gibt es doch das überlegene Gut der Enthaltsamkeit. Im Vergleich zu anderen Autoren nimmt Augustinus damit, wie gesagt, eine relativ gemäßigte, jedenfalls keine extrem rigorose Haltung zur menschlichen Sexualität ein.[20] Doch verwehrt er eine Antwort auf die Grundfrage, warum das sexuelle Begehren selbst überhaupt ein Mangel oder etwas Schlechtes sein soll. Seine Position wird, wie wir genauer sehen werden, durch Thomas von Aquin einer deutlichen Korrektur unterzogen.

3.2 Schwankende Urteile – das augustinische Erbe

Das augustinische Erbe wirkt noch in der Frühscholastik – mehr oder weniger getreu – weiter. Während jedoch Augustinus die sexuelle Begehrlichkeit als ontologischen Mangel einer an sich guten Natur bezeichnet, sehen Anselm von Laon und Wilhelm von Champeaux darin eher einen sittlichen Fehler – wir hatten diese Verschiebung, die mit Thomas von Aquin noch weiter akzentuiert wird, schon angedeutet. Gemeinsam ist den beiden (wie auch ihren Schülern) trotz unterschiedlicher Akzentsetzungen die mit Augustinus geteilte Ansicht, die Sinnlichkeit habe mit dem Sündenfall die rechte Ordnung (*recta ratio*) des Strebens verloren. Die Begriffe der geistigen (*caritas*) und der sinnlichen Liebe (*cupiditas*) wurden aus diesem Grund einander gegenübergestellt.[21] Zudem folgen alle Autoren der augustinischen Lehre von der konkupiszenzlosen Geschlechtlichkeit der Stammeltern im Paradies. Danach war der Ehevollzug im Paradies mit keinerlei Lustempfindung verbunden. Die Geschlechtsorgane wurden vollkommen von der Vernunft beherrscht, sie unterlagen ganz dem Willen. Es gab keine dem Willen zuvorkommende bzw. keine vom Willen unabhängige Begehrlichkeit. Die Stammeltern kamen nur zum Zweck der Zeugung von Nachkommen zusammen. Allein der auf diese Weise, nämlich einzig der Zeugung wegen erfolgende und gänzlich vom Willen beherrschte Ehevollzug war moralisch gut zu nennen.[22]

Auch noch die von Augustinus gelehrte doppelte „Einsetzung" der Ehe, ihre Stiftung im Paradies und ihre Umstiftung nach dem Sündenfall, wird von den Theologen des 12. Jahrhunderts fast ohne Einschränkung anerkannt, weshalb neben den Zweck der Fortpflanzung (*generatio prolis*) der Zweck des Heilmittels gegen die Begehrlichkeit (*remedium concupiscentiae*) tritt. Noch die Reformatoren werden sich mit ihren Begriffen von ehelicher Liebe in den von Augustinus geprägten und von der Scholastik ausgezogenen Grenzen bewegen, allerdings mit feinen Unterschieden: nach Calvin, dem der englische Puritanismus folgt, könne der eheliche Verkehr allein durch den Zweck der Zeugung von Nachkommen gerechtfertigt werden; nach Luther sei er auch, freilich nur nachrangig, empfehlenswert als ein Mittel gegen Unzucht für alle, die zur Keuschheit nicht geschaffen sind. Das Sakrament der Ehe bewirke, so Anselm von Laon, dass die *libido*, welche die Ehegatten beim Geschlechtsverkehr nicht zügeln können, nur lässliche Sünde sei (generell sei die unvermeidbare Lust, also auch die Geschlechtslust, zu bedauern). Umgekehrt bedeutet das, dass die Einwilligung in die Empfindung der Lust auch beim ehelichen Verkehr schwere Sünde ist. Wilhelm von Champeaux verlangt über Anselm hinausgehend, dass die Gatten in der Absicht, Nachkommen zu zeugen, zusammenkommen, damit die schwere in eine lässliche Sünde abgemildert werde. Der Ehevollzug kann freilich – folgt man den Aussagen von Anselm von Laon und Wilhelm von Champeaux – nie ganz ohne Sünde sein, weil die damit verbundene Lust unüberwindlich ist.

Daneben gewinnen, vor allem durch Hugo von St. Victor, auch Stimmen an Kraft, welche die Ehe nicht nur als Geschlechts-, sondern auch als Liebesgemeinschaft verstehen bzw. der Liebesgemeinschaft zwischen den Ehegatten einen höheren Rang als der Geschlechtsgemeinschaft einräumen. Die rigoros moralisierende Deutung der augustinischen Gedanken, die in der Konkupiszenz weniger einen ontologischen Mangel als vielmehr einen sittlichen Fehler sieht, durchzieht somit nicht durchweg die Ausführungen der theologischen Abhandlungen über die Ehe, obwohl sie noch im 12. und 13. Jahrhundert zahlreiche Anhänger findet. Hugo von St. Victor bleibt, anders als manche Texte der Schule von Laon, der augustinischen These treu, wonach der in der rechten Absicht erfolgende eheliche Akt ohne Sünde sei (ein Akt, der an sich schlecht ist, werde dadurch entschuldigt).[23] Auch Walter von Mortagne hält – wohl unter dem Einfluss von Petrus Abaelardus – mit Berufung auf Augustinus daran fest, der durch die Zwecke der Ehe entschuldigte Verkehr sei frei von Sünde. Gratian steht, wie auch Petrus Lombardus, auf Seiten der gemäßigten augustinischen Lehre: Der eheliche Akt zur Erzeugung von Nachkommen sei frei von Sünde, der zur Vermeidung von Unenthaltsamkeit und zur Befriedigung von Lust lässliche Sünde. Rufin unterscheidet: Der eheliche Verkehr, der dazu dient, den Ehepartner vor Unenthaltsamkeit (das heißt Unzucht bzw. Untreue) zu bewahren, gelte allgemein als sündenfrei, der Verkehr, der dazu dient, die eigene Unenthaltsamkeit zu vermeiden, sei lässliche Sünde, der Verkehr zur Befriedigung der Lust hingegen schwere Sünde.[24] Huguccio dagegen verfährt rigoroser: Selbst wenn – wie Rufin sagt – der eheliche Verkehr nicht immer Sünde sei, so stelle doch die ihn begleitende Lust wenigstens eine lässliche Sünde dar. Nur wenn es gelänge, jegliche Empfindung von Lust zu vermeiden, bliebe der eheliche Akt sündenfrei, und zwar selbst dann, wenn er der sexuellen Befriedigung des Partners wegen vollzogen wird (idealerweise blieben natürlich beide Partner lust- und damit sündenfrei).[25] Somit wird von ihm auch der richtig vollzogene eheliche Verkehr, der von Lust begleitet ist oder gar der Lustbefriedigung dient (wie schon von seinem Lehrer Gandulph von Bologna),[26] als Sünde angesehen.[27] Insgesamt ist allerdings zu beobachten, dass die zunächst dominanten rigoristischen Auffassungen, die der Intention keinen Raum lassen und das Empfinden von Lust selbst als sündhaft qualifizieren, allmählich zurückgedrängt wurden, eine Entwicklung, die dann vor allem in Thomas von Aquin einen Gewährsmann findet.

3.3 Bejahte Sinnlichkeit

Vertritt Augustinus eine hierarchisierende und dualisierende Zuordnung von Körper und Geist, weshalb nur der Geist als Träger moralischer Güter in Betracht kommen kann und der Körper seinen Trieben überlassen bleiben muss, was zu einer Abwertung der menschlichen Lust führt, bindet Thomas von Aquin Körper und Geist so eng aneinander, dass die sinnliche Selbstaktivierung des Körpers zum Ort der geistigen Selbstüberwindung wird. Dadurch ergibt sich eine grundsätzliche Neubewertung des Begehrens. Wo es beherrscht werden kann, muss es nicht gefürchtet werden.

Hier wird der Einfluss der aristotelischen Philosophie bemerkbar, die schon bei Wilhelm von Auxerre zu einer neuen Sicht der geschlechtlichen Lust führte: Die Lust ist die natürliche Begleiterscheinung des Begehrens.[28] Für Wilhelm war die Natur vor dem Sündenfall zudem dieselbe wie nach dem Sündenfall. Folglich musste auch schon der eheliche Verkehr vor dem Sündenfall mit Lust verbunden gewesen sein. Nach dem Sündenfall ist die Lust jedoch ungeordnet. Wer an ihr Wohlgefallen findet, indem er sie anstrebt oder ihr während des Verkehrs zustimmt, sündigt deshalb; ohne Sünde bleibt nur, wem die Lust missfällt oder sogar verhasst ist. Albertus Magnus greift die Einsicht, die Wilhelm von Auxerre aus der aristotelischen Philosophie schöpft, auf: Die Eigenart der Natur wurde durch den Sündenfall nicht verändert. Die Zeugung von Nachkommen erfolgte also auch im Paradies durch einen mit Lust verbundenen Geschlechtsverkehr. Thomas von Aquin steht dem Denken seines Lehrers Albertus Magnus nahe, der lehrt, nicht die Lust selbst, sondern nur die Verdunkelung der Vernunft durch die *concupiscentia*, die uns das höchste Gut aus den Augen verlieren lässt, sei schlecht. Wie Albertus Magnus betont Thomas von Aquin die natürliche Gutheit des Sexualaktes sowie die Gutheit von Begehrlichkeit und Lust,[29] die er als naturgemäß bezeichnet, weil sie von Gott geschaffen sind.[30] Wie sollte das, wozu die Natur hinneigt (weil Gott es so eingerichtet hat), als schlecht bezeichnet werden können? Anders gesagt: Die von Gott geschaffenen natürlichen Neigungen können nicht auf an sich Schlechtes gerichtet sein. Somit wehrt Thomas die rigorose These ab, der zufolge jede geschlechtliche Betätigung (also auch der innerhalb der Ehe auf rechtfertigbare Weise vollzogene Akt) sündhaft sei.

Die Lust wird damit nicht länger – abgesondert vom Geschlechtsakt – als eine selbstständige negative Größe neben dem Ehevollzug angesehen. Vielmehr ist sie, wie die Lust bei jeder Tat, dessen Vollendung – hier folgt Thomas erkennbar Aristoteles.[31] Deshalb tendiert Thomas in einer positiven Wendung zu der Wertung, beim im richtigen Sinn vollzogenen Geschlechtsverkehr dürfe die dazugehörige Lust bejaht werden. Ein erster Hinweis, der diese Deutung stützt, besteht darin, dass Thomas von der natürlichen Gutheit der Lust ausgeht, die freilich auch auf schlechte Weise gebraucht werden kann. Die Lust, die mit einer guten Handlung verbunden ist, *ist* gut, die Lust, die mit einer schlechten Handlung verbunden ist, schlecht. Er sagt also nicht, eine Handlung, die die Lust auf gute Weise *gebraucht*, sei gut; denn eine solche Aussage ließe es zu, die Lust – wie Augustinus – grundsätzlich als Übel zu behandeln, und zwar so, dass sie auf gute Weise gebraucht werden kann. Ein zweiter Hinweis besteht in der Bemerkung, der Zweck der Lust sei der Geschlechtsverkehr (man müsste hinzufügen: mit dem Ziel, Nachkommen zu erzeugen) und nicht der Zweck des Geschlechtsverkehrs die Lust. Ungebührlich sei der sexuelle Akt, wenn er allein der Lust wegen ausgeübt werde. Man wird aus diesem „allein aus Lust" nicht folgern können, dass die Lust auch angezielt werden darf, doch scheint sie als Vollendung der Handlung, die sie begleitet, bejaht werden zu dürfen.[32] Zumindest findet sich keine Bemerkung, der zufolge man in die unvermeidliche Lust nicht einwilligen dürfe oder ihr sogar mit Missfallen begegnen müsse. So muss nicht länger der Gebrauch der Lust, die ein Übel ist, entschuldigt werden, vielmehr gilt der rechte Gebrauch der Lust, die ein Gut darstellt, als verdienstvoll und tugendhaft. Dass im Paradies der eheliche Verkehr mit Lust verbunden war, wird als selbstverständlich angenommen. Albertus Magnus vermutet sogar, dass sie – der besseren natürlichen Anlagen wegen – im Paradies größer war, Thomas von Aquin fügt hinzu, dass sie, absolut gesehen, zwar größer, relativ gesehen, nämlich mit Blick auf die Vernunft, welche die Lust vollkommen beherrschte, aber kleiner war. Die Lust trat nur auf, wenn die Vernunft es wollte und befahl, also allein zum Zweck der Zeugung von Nachkommen.[33] Damit wird die von Augustinus zumindest bevorzugte und in der Frühscholastik herrschende Meinung, der zufolge der Geschlechtsverkehr im Paradies frei von Lust gewesen sei, von Albertus Magnus wie von Thomas von Aquin aufgegeben. Nach dem Sündenfall ist – und darin folgt Thomas von Aquin wiederum seinem Lehrer Albertus Magnus – eine Lähmung des Geistes eingetreten. Der Verlust der „Unschuld" wird Ursache für die Schmach *(turpitudo)* der Sexualität, die darin besteht, dass die Lust nicht wie im Paradies der Kraft der Vernunft gehorcht, sondern unbotmäßig über die Vernunft hinausgeht.[34] Thomas von Aquin sieht die durch die Vernunft nicht vollständig zu domestizierende Hartnäckigkeit der Konkupiszenz. Die Vernunft vermag keine vollständige Kontrolle über sie zu gewinnen. Damit wird die Grenze der Integration der aristotelischen Konzeption in eine Morallehre, besser noch die Grenze dieser Morallehre selbst erkennbar, die an der Widerständigkeit eines Affekts gegenüber der Vernunft nicht vorbeisehen kann, obwohl dieser Affekt nach biblischem Zeugnis doch göttlichen Ursprungs ist. Weder der Geschlechtsverkehr in der Ehe noch die *libido* an sich werden verurteilt, die alte Charakterisierung der Ehe als *remedium* gegen die *libido* wird folglich verworfen. Der Geschlechtsverkehr wird durch die Ehe bzw. das Gesetz versittlicht. Wäre er etwas Schlechtes, müsste er unter allen Umständen verboten werden. Der Sakramentscharakter der Ehe ist nicht gegen das sinnliche Begehren selbst gerichtet, vielmehr wird die Ehe dadurch geschützt, dass das Sakrament die Begehrlichkeit abmildert und jede Unmäßigkeit verhindert.[35]

Die Zeugung, so könnte man insbesondere die Positionen von Augustinus und Thomas von Aquin zusammenfassen, ist der Zweck einer sexuellen Beziehung, ihr einziger legitimer Ort ist die Ehe, die also der Hervorbringung legitimer Nachkommen zu dienen hat. Die legitime Vereinigung muss die Zeugung wollen. Das bloße Streben nach Lust ist deshalb auch innerhalb der Ehe illegitim. Die Ehe ist somit eine Beziehung, die nicht durch die Lust, sondern durch die Vernunft bestimmt wird. Für Augustinus kann die Begehrlichkeit zwar, sie muss aber nicht zu Untreue führen, und sie kann auch innerhalb einer ehelichen Gemeinschaft und selbst wenn die Zeugung von Nachkommen beabsichtigt wird, eine Sünde darstellen, nämlich immer dann, wenn sich die Gatten der Lust ergeben oder sie sogar anzielen, allerdings handelt es sich in diesem Fall nur um eine lässliche Sünde, während die gleichen sexuellen Akte außerhalb der Ehe eine schwere Sünde darstellen. Doch hält Augustinus gegen rigorose Strömungen fest, dass das Empfinden der Lust, jedenfalls sofern die Gatten sich ihr nicht ergeben oder sie sogar anzielen und der sexuelle Akt zudem innerhalb der Ehe und mit dem Ziel der Zeugung von Nachkommen vollzogen wird, frei von Sünde ist.

Für Aristoteles, so könnte man bilanzieren, vollendet sich die Lust in der Tat. Sie muss nicht eigens angezielt werden, weil sie selbstverständlich ist und keiner eigenen Rechtfertigung bedarf. Für Augustinus darf die Lust nicht bejaht (und erst recht nicht erstrebt) werden, weil ihre Gutheit bestritten wird. Für Thomas von Aquin darf die Lust bejaht, allerdings nicht erstrebt werden – eine inkonsequente Bestimmung, die auf eine bleibende Ambivalenz in der Haltung zur sinnlichen Liebe hindeutet. Die Lust muss in dieser bei Aristoteles implizit, bei Augustinus und Thomas von Aquin explizit geäußerten Vorstellung Mittel, sie darf nicht (letztes) Ziel sein.

4. Gemäß der menschlichen Natur

In der Tradition christlicher Bilderkunst gibt es einen besonders verehrten Typus von Bildern, die sogenannten *Acheiropoieta*, d. h. nicht von Menschenhand gemalte Bilder. So gehört im Petersdom in Rom das Schweißtuch der Veronica, das der Legende nach das Antlitz Jesu zeigt, zu den kostbarsten Herrenreliquien. Ein in der ehemaligen päpstlichen Privatkapelle am Lateranpalast befindliches Christusbild sei vom Apostel Lukas begonnen und von Engeln vollendet worden. Ohne den Umweg menschlicher Interpretation sollen diese Bilder gleichsam einen direkten Blick auf das Göttliche gewähren. Das ethische Konzept eines Naturrechts basiert auf einer ähnlichen Vorstellung und Erwartung. Es gibt demnach moralische Gebote, die auf einer nicht von Menschen gemachten Grundlage beruhen, nämlich der von Gott geschaffenen Natur. Diese Herkunft verleihe naturrechtlichen Geboten eine besondere Würde und Autorität gegenüber den Interessen und dem Wandel einer jeden bloß menschlich erdachten Moral: „Das Naturrecht ist schließlich das einzige gültige Bollwerk gegen die Willkür der Macht oder die Täuschungen der ideologischen Manipulation"[1], wie Benedikt XVI. in einer Ansprache bemerkt. Die nicht vom Menschen gemachte Natur sei „transparent für eine moralische Botschaft"[2]; ihr Anspruch gehe jedem menschlichen Gesetz voraus.

4.1 Ein antikes Erbe

Die Morallehre der katholischen Kirche bezieht sich in den Fragen der menschlichen Sexualität und Geschlechtlichkeit traditionell häufig auf das Konzept des Naturrechts. Die Überzeugung, dass der Mensch in der Natur etwas ihn moralisch Bindendes vorfindet, ist jedoch keine Erfindung der christlichen, sondern fester Bestandteil der antiken Ethik, besonders der Stoa.[3] Die Ordnung des Kosmos (oder auch: des großen Ganzen, der Allnatur) wird von den Stoikern auf die göttliche Vernunft zurückgeführt. Der Mensch könne diese Ordnung mit seiner eigenen Vernunft erkennen und solle sich in seiner Praxis daran orientieren. Ziel ist die Kongruenz zwischen der menschlichen und der göttlichen Vernunft, die sich in der Natur widerspiegelt. Wolle der Mensch in Erfahrung bringen, welches Handeln ihm zuträglich ist, soll er, so rät Marc Aurel (121–180) als bedeutender Vertreter der Stoa, darauf achten, „was seiner Anlage und Natur entspricht."[4] Das heißt für den Menschen, der eigenen Vernunftnatur und seiner Bestimmung für das Gemeinwohl gerecht zu werden. *Gemäß der Natur* zu handeln, bedeutet für den Menschen, *gemäß der eigenen menschlichen Natur* zu handeln. Weil dieser Natur aber eigentümlich ist, im Unterschied zu den übrigen Lebewesen mit Vernunft begabt zu sein, gilt für Marc Aurel: „Bei einem vernünftigen Geschöpf ist eine naturgemäße Handlungsweise immer auch eine vernunftgemäße."[5]

Ein naturgemäßes Verhalten des Menschen gegenüber der eigenen Sinnlichkeit und Geschlechtlichkeit zeichnet sich für den Stoiker durch Selbstbeherrschung aus: „Empfinde es doch endlich, dass du etwas Besseres und Göttlicheres in dir hast als das, was die Leidenschaften erregt und dich hin- und herzerrt wie der Draht die Marionetten."[6] Geradezu verächtlich heißt es über den „geschlechtlichen Umgang: er ist die Reibung eines Eingeweides und Ausscheidung von Schleim, mit Zuckungen verbunden."[7] Ein freier Mensch (meist gleichbedeutend mit: ein freier Mann) ist ein seine Leidenschaften beherrschender Mensch, der seine „denkende Seele"[8] schätzt und ehrt.

Diese wenigen Zitate aus den *Selbstbetrachtungen* von Marc Aurel machen deutlich, wie vielschichtig der Anspruch des Naturgemäßen beim Menschen ausfällt. Der Mensch teilt mit den übrigen Lebewesen zwar die „animalische Natur" (die erste Schicht), muss aber im Handeln stets auch die Würde seiner „vernünftigen Natur" (die zweite Schicht) im Blick behalten, um auf diese Weise mit der Allnatur übereinzustimmen. Vergegenwärtigt man sich zudem, dass bei Marc Aurel ein Handeln gemäß der eigenen Natur sich im spezifischen Ideal eines römischen Mannes verwirklicht[9], wird die kulturelle Färbung des Natürlichen mehr als deutlich (die dritte Schicht). Das Naturgemäße erweist sich keineswegs so eindeutig als „nicht vom Menschen gemacht", wie vielleicht von manchen erhofft. Das zeigen auch die Briefe des Apostels Paulus.[10] Das Natürliche ist in einigen Fällen schlicht Ausdruck für die konventionelle Sozialordnung, etwa im 1. Korintherbrief: „Lehrt euch nicht schon die Natur (*physis*), dass es für einen Mann eine Schande, für die Frau aber eine Ehre ist, lange Haare zu tragen. Denn der Frau ist das Haar als Hülle gegeben" (1 Kor 11,14–15).

4.2 Schichten und Forderungen des Natürlichen

An zwei Beispielen aus unterschiedlichen Epochen der Christentumsgeschichte soll die Vorstellung einer naturgemäßen Sexualität etwas näher vorgestellt werden. Das erste Beispiel ist der um 215 verstorbene griechische Kirchenschriftsteller Clemens von Alexandrien, der in verschiedenen Werken Lebensregeln für die eheliche Sexualität formuliert und dabei eine antike Moral des rechten Maßes vertritt, „die asketischen Fanatismus ebenso ablehnt wie übermäßige Üppigkeit"[11]. Die Nähe zu den stoischen Anschauungen seiner Zeit ist bei Clemens' Überlegungen über den rechten Weg des Christen zum Heil unverkennbar. In ihrer ehelichen Sexualität sollen sich Mann und Frau nicht undiszipliniert der sinnlichen Leidenschaft ausliefern.[12] Vom späteren Ideal des unberührten, jungfräulichen Körpers ist hier noch nichts zu spüren. Clemens akzeptiert die christliche Ehe. Aber er erwartet ein kontrolliertes, geordnetes eheliches Leben. Der Ehemann soll daher seine Frau nicht wie eine Geliebte behandeln, mahnt Clemens, und gibt damit einen Hinweis darauf, welche Beziehungen in dieser Zeit mit sexueller Leidenschaft assoziiert wurden. Die Ehe ist ein Wert, weil in der Ehe Kinder gezeugt und erzogen werden. Die Finalität des ehelichen Aktes liegt in der Zeugung von Nachkommen, der Same soll seinen Naturzweck erfüllen können.

Zwei natürliche Referenzen dienen Clemens zur Begründung dieser Hauptregeln für die menschliche Sexualität, zum einen die *animalische*, zum anderen die *menschliche* Vernunftnatur.[13] Erstere wird zur Lehrerin für den Menschen, indem sie an Tieren moralische Lektionen erteilt. Den exzessiv lustvollen Hyänen habe die Natur eine außergewöhnliche Anatomie beschert – einen zusätzlichen Hohlraum –, die mit widernatürlicher, d. h. für Clemens nicht dem Zeugungszweck dienlicher sexueller Zügellosigkeit einhergeht. Der Hase steht für ausschweifende Befruchtung, für unablässige Paarung. Durch ihre besondere Anatomie – eine zweihornige Gebärmutter – stünden bei den Hasen Brunst und Schwangerschaft nebeneinander. Solche tadelnswerten, widernatürlichen Geschöpfe dürfe sich der Mensch als Vernunftwesen nicht zum Vorbild nehmen. Die Lektion lautet: Der Geschlechtsakt hat der Kinderzeugung zu dienen und soll nach erfolgter Befruchtung unterbleiben.

Für den Menschen ist es Clemens zufolge eine natürliche Vorschrift, dass die Seele über den Körper herrschen soll. Mit der Philosophie seiner Zeit geht es ihm um die Mäßigung der Leidenschaften: „Naturgemäß wird aber unser Leben verlaufen, wenn wir von Anfang an unsere Begierde beherrschen."[14] Aus dem Rhythmus des weiblichen Körpers leitet Clemens weitere sexualethische Gebote ab. So sei der Geschlechtsakt während der Regel oder der Schwangerschaft nicht legitim, weil unter diesen Umständen der Same seine natürliche Zeugungskraft nicht entfalten könne oder der Gebärmutter durch ein sexuelles Zuviel Gewalt widerfahre.

Diese wenigen Hinweise genügen, um zu erkennen, dass das Naturgemäße bei Clemens ebenfalls vielschichtig angelegt ist, von eher naturkundlichen Spekulationen bis hin zu grundlegenden Aussagen über die Bestimmung des Menschen. Im Zentrum stehen zwei Forderungen an eine naturgemäße Sexualität: die Beherrschung der Leidenschaften und die Finalisierung der ehelichen Sexualität auf die Fortpflanzung.

Der zweite hier anzusprechende Autor ist Thomas von Aquin (1225–1274), neben Augustinus bis heute *die* theologische Autorität und „Grundlage der traditionellen katholischen Sexualethik"[15]. Das Natürliche nimmt in der thomasischen Sexualethik eine Schlüsselstellung ein, weist aber wie schon bei Marc Aurel und Clemens von Alexandrien verschiedene Aspekte auf bzw. lässt sich nicht auf ein eindimensionales Verständnis reduzieren. Zunächst ist das Geschlechtliche mit seiner sinnlichen Lust und Leidenschaft für Thomas, der sich hier ausdrücklich von vielen (früh-)mittelalterlichen Theologen abgrenzt, nicht schon als solches ein sündhaftes

Verderben, sondern Teil der natürlichen Gutheit des von Gott geschaffenen Menschen. Denn ohne die sexuelle Begierde, ohne Lust und Geschlechtsverkehr würde der Mensch seine natürliche, von Gott gegebene Bestimmung der Zeugung von Nachkommenschaft nicht erfüllen können. Weil die Erhaltung der menschlichen Art nach dem biblischen Zeugnis von Gott gewollt ist (Gen 1,28), kann die eheliche Sexualität, die diesem Gut dient, nicht von Grund auf etwas Schlechtes sein. Zugleich aber liegt über der Sexualität der tiefe Schatten der post-paradiesischen Zeit, in der der Mensch die Herrschaft über seine Begierlichkeit verloren hat. Die Strafe für die Erbsünde besteht für Thomas im Rückfall in eine Natürlichkeit, deren Kräften der Mensch hilflos ausgesetzt zu sein scheint. Der tiefe antike wie christliche Argwohn gegenüber der sexuellen Begierde wirkt bei ihm ungebrochen fort. Das Geschlechtliche erniedrigt durch seine Geistfremdheit den Menschen. Sexuelle Benommenheit verträgt sich für Thomas nicht mit dem geistlichen Leben, etwa dem Kommunionempfang. Sexualität trennt von Gott. In das Natürliche ist ein Zwiespalt gesät: Es dient einem hohen Gut und ist zugleich ein gravierendes Problem. Hier liegt ein Grund für den Rigorismus der thomasischen Ehemoral: Ohne Sünde verkehren die Eheleute allein in der Absicht miteinander, Nachkommen zu zeugen oder die eheliche Pflicht zu leisten, damit die Sexualität sich nicht auf ungeordnete Weise ihrer bemächtigt. Nur wenn sich der eheliche Geschlechtsverkehr diesen moralischen Geboten beugt, ist die ihn begleitende natürliche Lust unbedenklich. Auf jeden Fall bedarf es eines Entschuldigungsgrundes für die ausgelebte Sexualität, die Thomas mit Augustinus in den Ehegütern entdeckt.

Das Sexualleben wird von Thomas auf eine doppelte Weise naturrechtlich reguliert. Der „urnatürliche Wesenskern"[16] der Ehe, ihr engster natürlicher Sinn und Dienst, besteht für

Thomas in der Reproduktion (Erhaltung der Art) – entsprechend dem Grundsatz des römischen Juristen *Ulpian*, dass das Naturrecht fordere, *was die Natur alle Lebewesen lehre* und der Mensch mit seiner Vernunft erkennen könne. Eine diesem Naturzweck, d. h. der naturgegebenen Teleologie des Samens bzw. des Geschlechtsverkehrs nicht gehorchende Sexualpraxis ist demnach im eigentlichen Sinne *contra naturam*. Die über die mit den Tieren gemeinsame Natur hinausgehende spezifisch menschliche Natur begründet die Forderung, die Sexualität auf die Ehe zu beschränken, dem für Thomas natürlicherweise besten Ort für die Erziehung und das Heranwachsen von Kindern. Das natürliche Ziel der Ehe ist das Kind und der natürliche Ort für dessen Aufwachsen die Ehe. Die eheliche Lebensgemeinschaft, die Freundschaft (*amicitia*) und die gegenseitige Hilfeleistung sind darum etwas Gutes von Natur aus. Hier zeigt sich abermals, wie kulturbedingt Vorstellungen von Natürlichkeit sind. In modernen Gesellschaften kann die Ehe von Mann und Frau nicht mehr als der alleinige gute Ort für die Kindererziehung betrachtet werden.

Die menschliche Natur ist auch bei Thomas eine geschichtete Natur. Die Grundschicht, die nicht das spezifisch Menschliche umfasst, ist für die menschliche Geschlechtlichkeit von so wesentlicher Bedeutung, dass die Tradition darin den primären Zweck verankert: die Zeugung legitimer Nachkommenschaft zur Erhaltung der Art.

4.3 Gemäß welcher Natur?

Die wirkungsgeschichtlich so bedeutsame, naturrechtlich argumentierende thomasische Sexualethik weist eine Reihe von Merkmalen auf, die es ratsam erscheinen lassen, ihr nicht unbesehen zeitlose Gültigkeit zuzuschreiben. Josef Fuchs hat schon in den vierziger Jahren darauf hingewiesen, dass Thomas seine Überlegungen aus einer unreflektiert androzentrischen Perspektive entwickelt. Es ist die männliche Sexualität (die Teleologie des Samens; die Eigensinnigkeit des männlichen Gliedes; die *pollutio nocturna*), die den Erfahrungshorizont bildet und die diszipliniert werden will. Frauen spielen als autonome Subjekte ihrer Sexualität in der kirchlichen Morallehre bis heute nur eine Nebenrolle.[17] Eine weitere Reduktion der menschlichen Sexualität stellt die traditionelle Fokussierung auf das Gemeinwohl dar. Thomas schreibt ausdrücklich, dass die Geschlechtlichkeit für das Individuum (genauer: für den Mann) kein Gut ist. Das, was wir heute als Liebesbeziehung bezeichnen, also eine intime, leidenschaftliche Beziehung zwischen zwei gleichen und freien Personen, zu denen integral das sexuelle Begehren gehört, ist für den mittelalterlichen Theologen noch ein fremdes Konzept. Was Thomas als Ideal vor Augen steht, das Freisein vom Geschlechtlichen mit seinen sinnlichen Verlockungen, wirkt auf uns heute eher wie eine Lebensweise, die sich ohne nachvollziehbaren Grund von beglückenden Erfahrungen abschneidet. In einer Zeit, die den Körper als Ort intensiven Selbsterlebens (wieder-)entdeckt hat[18], wird intellektualistische Sexualskepsis zu einem seltsamen Phänomen. Schon gar nicht taugt sie als eine für alle verbindliche Norm.

Was bleibt also vom Vorsatz, die Natur in der Moral zu ihrem Recht kommen zu lassen? Der Blick in die Geschichte relativiert so manche Aussage über das Natürliche als die nicht vom Menschen ersonnene Grundlage der Moral. Das Natürliche entpuppt sich nicht selten als Synonym für den sehr zeitbedingten „gesunden Menschenverstand". Beanspruchen zudem Männer, die das geistliche Leben als höchste Lebensweise für sich entdeckt haben, das allgemeine

Wesen der Natur der menschlichen Liebe und Sexualität definieren zu wollen, ist Vorsicht geboten.[19] Das gilt für den Heiligen Thomas wie für die Päpste der Gegenwart. Eine zweite Anfrage an das thomasische Bild von der menschlichen Sexualität zielt auf die dahinterstehende Anthropologie. Wenn bei Thomas die – wie Fuchs es nennt – „ur-natürliche" Schicht letztlich die moralischen Gebote prägt, wirft dies gleich ein doppeltes Problem auf. Zum einen wissen wir heute sehr viel mehr über die Natur der menschlichen Sexualität als das Mittelalter. Zwar basiert die menschliche Sexualität nach wie vor auf der evolutionär nicht bestreitbaren Tatsache, dass der Mensch ein sich zweigeschlechtlich fortpflanzendes Wesen ist. Aber evolutionär gilt eben auch, dass – bereits erkennbar im Tierreich – die Sexualität natürlicherweise weitere Dimensionen umfasst. Nicht zuletzt ist hier an ihre Funktion für interpersonale Bindungen zu erinnern. Nur auf eine „ur-natürliche" Schicht zu blicken, wird der Natur der menschlichen Sexualität nicht gerecht. Zum anderen kommt die anthropologische Verschränkung von Natur und Kultur bei Thomas zu kurz. In der Anthropologie des 20. Jahrhunderts wird immer nachdrücklicher darauf verwiesen, dass es zur Natur des Menschen gehört, sich zu sich selbst in ein Verhältnis setzen zu können. Auch die menschliche Sexualität wird durch kulturelle Faktoren in bestimmte Bahnen gelenkt.[20] Man wird daher sagen müssen, dass die menschliche Sexualität nie in einem schlichten Sinne natürlich ist – also losgelöst von menschlicher Freiheit und Kultur gelebt wird. Und eben das ist für den Menschen das Natürliche. Ethisch gewendet ist damit zugleich die Notwendigkeit verbunden, die Sexualität nach moralischen Kriterien zu gestalten. Das Begehren kann das Individuum in Richtungen treiben, die aus moralischen Gründen nicht verfolgt werden sollen.

Das *contra naturam* der Tradition hat ethisch ausgedient. Ja, man könnte sagen, dass es *contra naturam* wäre, die menschliche Sexualität moralisch auf einen ihrer Aspekte – die Fortpflanzung – festzulegen. Das gesamte traditionelle Konzept beruht letztlich auf einer ausgesprochen negativen Wertung von Sexualität, für die man Entschuldigungsgründe sucht, die jenseits der Person liegen. Der moderne Ansatz, die Geschlechtlichkeit von der Freiheit und Würde des Menschen ausgehend zu betrachten, ist noch in weiter Ferne. Wir werden darauf in einem späteren Kapitel zurückkommen.

4.4 Lehramtliches Verharren

Blicken wir abschließend kurz auf den Stellenwert, den naturrechtliches Denken in der kirchlichen Sexualmoral des letzten Jahrhunderts einnimmt, ist eine Kontinuität zur augustinischen und thomasischen Tradition festzustellen. In den dreißiger Jahren wird über die drei Ehegüter von Pius XI. gesagt, dass sie „eine klare und erschöpfende Zusammenfassung der gesamten Lehre über die christliche Ehe bieten."[21] Die rigorose Verurteilung der Empfängnisverhütung und gleichgeschlechtlicher Sexualpraktiken noch zu Beginn des 21. Jahrhunderts erklärt sich aus dem fortdauernden Primat des Ehezwecks der Fortpflanzung. Wir werden das im zweiten Teil näher ausführen. Da man seit den fünfziger Jahren die Methode der sogenannten Zeitwahl für moralisch unbedenklich hält – die Nachkommenschaft intentional also bewusst ausgeschlossen werden darf –, lautet die Norm im Grunde, dass die Eheleute zumindest einen, wie man sagt, *auf Fortpflanzung hin offenen* Akt zu „simulieren" haben. Es darf also Geschlechtsverkehr praktiziert werden, auch wenn eine Zeugung durch die Umstände (traditionell:

Alter; neu: Zyklus) ausgeschlossen ist – aber er soll auf eine Weise vollzogen werden, der unter anderen biologischen Umständen zu einer Zeugung führen könnte. Auch wenn seit den achtziger Jahren bei Johannes Paul II. viel von der personalen Liebe der Eheleute die Rede ist, bleibt die Achtung vor dem „Leib der Eheleute", d. h. vor dem „natürlichen Fruchtbarkeitszyklus"[22], das ausschlaggebende „objektive" Kriterium für die Ehemoral. Am Ende geht es um genitale Komplementarität, die durch keinen menschlichen Eingriff (Kontrazeptiva) an einer möglichen Zeugung gehindert werden soll. Der göttliche Wille wird in diesem Verständnis nicht durch die moralischen Erwägungen der Eheleute artikuliert, sondern durch eine biologische Gesetzmäßigkeit vorgegeben. Deren Wertschätzung aber ist Resultat der Ansicht, jeglicher Geschlechtsverkehr – selbst in der Ehe – sei eine doch eher unerfreuliche Angelegenheit.

Teil II:
Die resultierenden Normen

5. Sexuelle Akte vor und außerhalb der Ehe

Die traditionelle Normativität, nach der die Ehe der Hervorbringung legitimer Nachkommen dienen soll, verbietet der
Frau alle sexuellen Akte vor sowie außerhalb der Ehe. Vor-
und außereheliche sexuelle Akte des Mannes sind hingegen
akzeptiert oder zumindest geduldet. Diese normative Logik
verändert sich im ausgehenden Mittelalter und mit der begin-
nenden Neuzeit in mehrfacher Hinsicht.

5.1 Innerlichkeit und Empfindsamkeit

Wenden wir uns zunächst der Normierung sexueller Akte vor
der Ehe zu. Diskutiert wird dabei nicht etwa, ob sexuelle
Akte auch vor der Ehe legitim sein können, diskutiert wird
vielmehr, wann eine Ehe beginnt und worauf eine Ehe gründet. Offenbar werden in dieser Zeit intime Beziehungen mehr
und mehr auch ohne die Zustimmung der Familien, insbesondere der Eltern, aufgenommen. Und das Verständnis
dafür wächst.

   Die Kirche wandte sich lange Zeit nicht nur gegen die
herrschende Praxis, die auf den Willen der zu verheiratenden
Töchter in der Regel wenig Rücksicht nahm,[1] sondern stärkte
auch zunehmend das gegenseitige Einverständnis der zukünftigen Eheleute. Stellte der Konsens lange Zeit einen komple-
xen Prozess dar, in den die Zustimmung der Brautleute sowie
die der Eltern und der Verwandten von Braut und Bräutigam
eingebunden waren,[2] so wurden Frauen in der Mitte des
12. Jahrhunderts von der Verpflichtung befreit, die Einwilligung ihrer Eltern einzuholen, um heiraten zu können.[3]

Inwieweit diese Haltung Theorie blieb oder Praxis wurde, muss an dieser Stelle dahingestellt bleiben. Man kann freilich vermuten, dass im durch die Theologie (und vor allem auch durch die Dichtung) beschworenen Prinzip des Konsenses der Ehepartner zunächst eine Utopie formuliert wurde.[4] Immerhin gewann auf diese Weise innerhalb der Literatur die gegenseitige Zueignung und Zuneigung (*dilectio mutua*) der Ehegatten an Bedeutung, während die beiden klassischen Zwecke der Ehe, nämlich die Erzeugung von Nachkommen und die Vermeidung von Unzucht, zurücktraten, wodurch freilich auch der sinnliche gegenüber dem geistigen Aspekt der Ehe verblasste. Am deutlichsten fand diese Entwicklung ihren Ausdruck bei Hugo von St. Victor, der (ähnlich wie schon Anselm von Laon und Wilhelm von Champeaux) von „ehelicher Liebe" spricht und somit „Ehe" und „Liebe" nicht als unvereinbar betrachtet, was der gewöhnlichen Auffassung entsprach, sondern – ganz im Gegenteil – als aufeinander angewiesen, so dass eine Ehe ohne das Bündnis oder Band der Liebe geradezu als nichtig erscheint.[5]

Eine zentrale Norm wird nun, wie gesagt, im freien Willen der Ehegatten angenommen: Für Luther kommt der Ehekonsens bereits mit der Verlobung zustande, was konsequent ist.[6] Er folgt damit Gratian, zumindest in der Hinsicht, dass eine Ehe zwar durch den Konsens geschlossen, aber erst durch den Vollzug (*copula carnalis*) unauflöslich wird. Im Unterschied zu Gratian überträgt Luther diesen Sachverhalt allerdings auf die Verlobung. Genau genommen wird bei ihm die Ehe nicht durch die *copula carnalis* unauflöslich, sondern durch die Aufnahme der ehelichen Lebensgemeinschaft. Insofern hat auch eine zwar geschlossene, aber nicht vollzogene Ehe (*matrimonium ratum et non consumatum*) als unauflöslich zu gelten. Konsequenterweise ist die *copula carnalis* unter Verlobten keine Unzucht, sie bringt freilich auch keine rechtlichen Wirkungen auf den Status der Verbindung mit sich. Zwischen der Verlobung und der öffentlichen Aufnahme der Lebensgemeinschaft besteht somit nur ein gradueller Unterschied. Die klare Tendenz besteht also darin, nicht erst mit der Eheschließung oder gar dem Vollzug der Ehe, was dem traditionellen Verständnis der Hervorbringung legitimer Nachkommen geschuldet wäre, sondern schon mit der Verlobung, ja mit der Aufnahme eines gemeinsamen Lebens bzw. Hausstandes die Ehe zweier Menschen beginnen zu lassen. Dies kann nur so erklärt werden, dass man eine Ehe immer deutlicher auf die Liebe zweier Menschen und ihren Entschluss, miteinander zu leben, gegründet ansieht, weniger auf den institutionellen Außenhalt, der in der formalen Eheschließung kulminiert.

Dazu gehört, dass die Beziehung zweier Menschen mehr und mehr aus familiären Kalkülen herausgelöst wird: War es für lange Zeit undenkbar, dass zwei Menschen eine „Familie gründen", weil es ja die Familien sind, die eine Ehe begründen, wird die „grundlose" Erschaffung einer „Eigen- und Zauberwelt"[7] durch die Liebenden immer selbstverständlicher. Damit geht die Forderung nach Freiheit und Gleichheit in der Wahl des Partners gegen die traditionelle Eheauffassung einher, eine Forderung, die lange Zeit Ideal bleibt und sich nur allmählich durchsetzt, bis sie ab dem 18. Jahrhundert unbestritten ist. Mit dieser Entwicklung treten gesellschaftliche Produktion und Reproduktion immer deutlicher auseinander – was eine gefühlsbasierte Bindung zwischen Eltern und (tendenziell wenigen) Kindern, die es individuell (und das heißt auch emotional) zu erziehen gilt, begünstigt.[8] Im Hintergrund dieser Entwicklungen sehen wir eine Gesellschaft, die sich entsprechend ausdifferenziert und die Voraussetzung dafür schafft, dass Menschen einander als freie und gleiche Partner begegnen und Familienangelegenheiten als persönliche

Belange ansehen können, Belange, in die sich die Gesellschaft nur fallweise und regelgeleitet einmischen darf. Genauer gesagt, muss dann nicht die freie und gleiche Verbindung zweier Menschen, muss nicht das Gefühl von Begehren und passionierter Liebe gerechtfertigt werden (wie dies ehedem mit dem Hinweis auf Ehe und Nachkommenschaft geschah), sondern die Vernunftbeschränkungen, die die Gesellschaft einer solchen Verbindung im moralischen oder rechtlichen Gestus auferlegt. Die Gesellschaft kann sich, so Niklas Luhmann, erlauben, das Risiko beliebiger Verbindungen zu tragen und somit die Emanzipation der Liebe aus familiären Kalkülen als Chance zu begreifen.[9] Sie kann weiterhin in solche Verbindungen eingreifen, doch muss ein solcher Eingriff nun eigens gerechtfertigt werden.

Die zunehmende Anerkennung von Freiheit und Gleichheit mit Blick auf Liebe und Ehe, die mit der Betonung des Konsenses vorbereitet wurde, wirkt im 17. Jahrhundert noch als Ideal. Denn die aus Zuneigung geschlossenen Ehen sind zu dieser Zeit noch so selten, dass Intimität nicht erwartet, eher als Imagination behandelt wird.[10] Mehr und mehr gründet sich die Liebe auf das Begehren, das dadurch zum Rechtfertigungsgrund für die Liebe avanciert. Betrachtete man Liebe einst als Gefahr für persönliche Identität und soziale Ordnung, wird sie nun zur Voraussetzung einer Ehe erklärt, so dass umgekehrt der Einfluss ihr fremder Motive zu befürchten ist.[11] Wenn die Liebe sich unabhängig von fremden Einflüssen macht, kann der Liebende auf die Autonomie seines Begehrens verweisen, er braucht dann keine andere Rechtfertigung mehr als sein Begehren selbst: *Die Liebe hat ihre eigenen Gründe.* Wurde in der naturrechtlichen Tradition das Begehren durch die Perfektion seines (nicht nur irdisch verstandenen, sondern auch überirdisch gedachten) Gegenstandes legitimiert, der es sich unterzuordnen hatte, wandert dieser

Aspekt nun von der geliebten zur begehrenden Person. Damit wird die traditionelle Ontologie auf den Kopf gestellt: Nicht das Objekt, das Subjekt bestimmt, was legitim ist, und das sinnliche Begehren *(cupiditas)*, nicht die geistige Liebe *(caritas)* rechtfertigt eine sexuelle Beziehung. Die Liebe findet ihre Vollendung auch nicht mehr im überirdischen Heil, sondern in der Erfüllung des Begehrens, das es somit nicht mehr zu beschränken, der kritischen Vernunft zu unterstellen, sondern zu entfesseln, dem aufrichtigen Gefühl anzuvertrauen gilt. Beide Aspekte, Begehren und Liebe, werden ununterscheidbar. Gerade wo sich die Liebe neben die Vernunft oder ihr sogar entgegenstellt, wird ihre Eigengesetzlichkeit anerkannt, emanzipiert sie sich doch von traditionellen, und das heißt vor allem: von schichtspezifischen Regulativen.

Die soziale Kontrolle passionierter Liebe (einer Liebe, zu der man nicht gezwungen werden kann und die über Schichtgrenzen hinweg möglich wird) ist dann nur als moralische Selbstkontrolle denkbar.[12] Sollten ehedem individuelles Kalkül und soziale Kontrolle Liebe als Passion domestizieren, werden nunmehr Umsicht, die Liebe des anderen zu gewinnen und sich gerade dadurch seines eigenen Gefühls zu versichern, sowie Selbstkontrolle, welche die Liebenden zu freien und gleichen Subjekten und nicht mehr zu Objekten gesellschaftlicher Prozesse werden lässt, zu den wichtigen Themen der Neuzeit. Der Gegensatz von ehelicher Pflicht und romantischer Neigung erweist sich jetzt jedenfalls „als so irritierend und die Trennung als so konfliktbeladen, dass im Zuge der Auflösung traditioneller Bindungen das Pendel wieder umschlug. Liebesheirat und freie Partnerwahl gelten mittlerweile als die kulturellen Leitbilder der modernen Gesellschaft.“[13] So wird die Liebe zur Basis der Ehe, und so vollzieht sich der Wandel von der Zweck- oder Vernunftehe zur „reinen" Beziehung.[14] Gleichzeitig mit der Institutionalisierung der Liebesehe wird die Semantik des wählenden Ich, das sich von anderen Einflüssen emanzipiert, vorangetrieben, die Liebesehe mithin als Medium beschrieben, durch das die Partner zu sich selbst finden,[15] auch wenn es weiterhin nicht an Stimmen fehlt, die in der Liebe eine Gefährdung für die Ehe erblicken.[16]

5.2 Freiheit und Gleichheit

Im Lauf dieser Entwicklung wird der Frau zugestanden, sich frei zu entscheiden und sich so (über Standesgrenzen hinweg) gleichzustellen – eine Errungenschaft, die, wie bereits betont, seit dem Mittelalter einen langen, wenngleich zunächst nur semantisch wirksamen Vorlauf in der wachsenden Bedeutung, die man dem Konsens der Partner zumaß, hatte und strukturell erst allmählich eingeholt wurde. Schon die höfische Liebe bestätigte ja nicht einfach nur die traditionelle Selbstbeherrschung des Mannes, sondern begünstigte die Anerkennung dieser Selbstkontrolle durch die Frau. Wo die äußere zugunsten der inneren Kontrolle zurücktritt, also die Selbstkontrolle der Liebenden gesellschaftlich zugestanden ist, gründet sich die Liebe auf das Begehren selbst, das dadurch zum Rechtfertigungsgrund für die Liebe wird und somit nicht länger zur „wahren Liebe" hin überschritten und in der Gottesliebe perfektioniert werden muss, um moralisch gerechtfertigt werden zu können. Der ideelle Aspekt führt, wenn auch räumlich und zeitlich äußerst beschränkt, zu bemerkenswerten Vorgriffen auf Freiheit und Gleichheit von Mann und Frau, vor allem was das Eingehen wie auch das Beenden einer Ehe betrifft.[17] Dabei kommen mehr und mehr auch materielle Gesichtspunkte in den Blick, die insofern an Bedeutung gewinnen, als es gilt, einen Partner zu finden, der in Bezug auf Arbeit und Kapital die besten Voraussetzungen für die Gründung einer gemeinsamen, unabhängigen Existenz mitbringt, was nur für jene Gesellschaftsschichten weniger bedeutsam ist, die zu wenig – die ärmsten Mitglieder der Gesellschaft heirateten nie – oder zu viel Vermögen besitzen, um auf diese Weise kalkulieren zu können bzw. zu müssen.[18] Erst als diese Aspekte in der zweiten Hälfte des 19. Jahrhunderts verblassen (ganz an Bedeutung verlieren sie nie), weil Produktion und Reproduktion sich zu unterschiedlichen Lebenswelten herausbilden, kann die Liebe als Ehegrundlage freigesetzt, das heißt als autonomes soziales System etabliert werden.[19]

Entsprechend gehört es zur romantischen Liebe, sich gegenseitig kennenzulernen und damit sich selbst zu entdecken, während die Partner arrangierter Ehen sich in der Regel schon (auch als zukünftige Ehepartner) kannten. Der zeitliche Abstand zwischen Verlobung und Heirat vergrößert sich deshalb. Liebe wird nun häufig als Liebe auf den ersten Blick dargestellt und auf diese Weise als unkalkuliert stilisiert. Sie gilt einer und nur einer Person, die wiederum als stark idealisiert erscheint. Das hat zur Folge, dass materielle Gesichtspunkte zurücktreten, wodurch an die Stelle der Vernunft Gefühle nicht nur treten können, vielmehr nicht-rationale oder irrationale Emotionen erwartet oder sogar bewundert werden. Liebe ist dann jenes Medium, in dem „psychische Intimität" möglich und zur Voraussetzung für physische Intimität wird. Das Phänomen einer sozial nicht nur zugestandenen, sondern erwarteten und ebenso erwartbaren Liebe vor der Ehe, das im 16. Jahrhundert, jedenfalls soweit dies rekonstruiert werden kann, noch eher selten auftrat, wird ab dem 17. Jahrhundert langsam zur Normalität.

Wo sich zwei Individuen in ihrer Liebe wechselseitig mit sich selbst identisch wissen, können Intensität und Dauer der

Beziehung der Individualität der Partner zugeschrieben und zugerechnet werden. Damit wird klar, dass außereheliche Beziehungen diese Intimität verraten, so dass nicht mehr zwischen ehelicher Pflicht und sexueller Neigung unterschieden, sondern Treue verlangt wird, und zwar nicht nur von Frauen, sondern auch von Männern, weil eheliche Treue nicht der Hervorbringung legitimer Nachkommen, sondern der partnerschaftlichen Liebe dient. An kleinen oder großen Gesten lässt sich ablesen (und wird abgelesen), wie es um die Liebe wirklich steht. Zu den Merkmalen der sich in der Neuzeit entwickelnden Liebessemantik gehört daher, im Unterschied zu Vorstellungen über Freundschaft, die Exklusivität: Freundschaft ist mit mehreren Personen denkbar, Liebe nur mit einer einzigen Person. Im Kontrast dazu ging die traditionelle Auffassung davon aus, dass sich die Ehe auf eine Person beziehen soll, während das sexuelle Begehren mehreren Personen gelten kann. Das sexuelle Begehren, so lautet das Resultat dieser Entwicklung, rechtfertigt sich selbst, unabhängig von gesellschaftlichen Erwartungen.[20]

5.3 Symbiose von Liebe, Sexualität und Ehe

Bemerkenswert ist, dass der Zusammenschluss von Liebe, Sexualität und Ehe in den privilegierten Schichten nicht mitvollzogen wird. Wo politische und wirtschaftliche Kalküle vital bleiben, wird viel stärker zwischen ehelicher und außerehelicher Liebe getrennt. Die zunehmende Differenzierung der Sphären von Produktion und Reproduktion bewirkt jedoch, dass Familien von sie übergreifenden politischen und wirtschaftlichen Kalkülen entlastet werden: Die gesellschaftsstrukturellen Gründe für arrangierte Heiraten fallen weg. Auch und gerade wo vor unüberlegter, blinder Liebe gewarnt und zu „vernünftiger Liebe" gemahnt wird, hat sich der Vorrang ideeller vor materiellen Gesichtspunkten bereits durchgesetzt, selbst wenn Vernunftgründe nachrangig Rücksicht finden, wobei das Abwägen solcher Gründe nun dem Paar und nicht mehr den Familien anheimgestellt wird.[21] Ein Mindestbestand an Gefühl wird nicht nur zugestanden, sondern als Voraussetzung für eine glückliche Ehe angesehen. Zum Ausdruck kommt dieses Erfordernis darin, dass eine rein aus Kalkül geschlossene Ehe weitgehend abgelehnt wird. Außerdem wird erwartet, das Gefühl der Liebe möge auf Gegenliebe stoßen, das heißt, auch als Gefühl erwidert werden.[22] Die Differenz der Geschlechter verliert an Bedeutung, nämlich im Hinblick auf die Motive, die man dem jeweils anderen Geschlecht als Gründe für die Eheschließung unterstellt. Die Liebenden suchen in der Ehe, so die Vorstellung, ihr persönliches Glück (und nicht – zumindest nicht in erster Linie – die Vermehrung von Macht und Reichtum). Im Schutz des Ideals der romantischen Liebe nähern sich die Erwartungen, welche die Partner aneinander richten, an und entfernen sich gleichzeitig von den Erwartungen der Umwelt: Je weniger eine Verbindung gesellschaftlichen Erwartungen bzw. Konventionen genügt, desto sicherer können die Liebenden sich wechselseitig legitime, also Liebes-Motive unterstellen. Am Ende dieses Umbruchs sind geistige und sinnliche Liebe selbstverständlich verknüpft, wer von Liebe spricht, meint „natürlich" die sexuell basierte Liebe, die Integration von Liebe und Sexualität; rein geistige und rein sinnliche Liebe werden demgegenüber als Sonderformen betrachtet, die eher der Rechtfertigung bedürfen.[23] Die Beschränkungen, die der sexuellen Betätigung auch und gerade in der Ehe auferlegt waren, werden nach und nach aufgegeben.[24]

Eine erste Konsequenz dieser Entwicklung ist, wie schon angedeutet, die Integration von Sexualität und ehelicher Liebe und damit die endgültige Überwindung der Entgegensetzung von ehelicher Pflicht und *außerehelicher Neigung*. Sexualität innerhalb der Ehe ist nicht länger auf Reproduktion ausgerichtet, sie wird zum Ausdruck von Liebe (wie dann auch Kinder erst so zum Ausdruck der Liebe werden können). Eine zweite Konsequenz ist die Verschmelzung von Liebe und Ehe: Ehe ist Liebe, und Liebe ist Ehe.[25] War die Bereitschaft zur Ehe lange Zeit kein Beweis für Liebe, wird sie nun geradezu zum Indiz dafür. Wo zwei Menschen ihre Liebe zueinander lieben, weil sie ihr Glück im Glück des je anderen suchen und finden, wo sich die Liebe einzig und allein aus eigenen Ressourcen heraus reproduziert, wird sie, so könnte man sagen, als sie selbst Ehe. Jedenfalls muss sie nicht mehr Stabilisatoren wie Vernunft, Tugend und Freundschaft unterstellt werden. Liebe ist Ehe, wenn man so will, weshalb es für Liebende *voreheliche sexuelle Akte* gar nicht geben kann. Damit soll nicht geleugnet werden, dass es voreheliche und außereheliche sexuelle Akte gab (dies war eher bei Männern als bei Frauen der Fall und wurde nur bei Männern, nicht bei Frauen geduldet), doch wächst zumindest das Verständnis dafür, wozu Liebende einander verpflichten und gleichermaßen verpflichtet sind, nämlich zu Treue. Insofern wird durch die Betonung der gegenseitigen Liebe eine ehemals schwache zu einer starken moralischen Norm und eine asymmetrische zu einer symmetrischen Verpflichtung.

Auf diesem Hintergrund wird deutlich, dass die beiden beschriebenen normativen Abhängigkeitsverhältnisse und ihre Implikate nicht vermischt werden können. Entweder wird die Liebe als normatives Derivat der Ehe behandelt (mit allen Normen, die sich daraus ergeben) *oder* die Ehe als normatives Derivat der Liebe. Wo das Modell, das die freie und gleiche Liebe zweier Menschen als Voraussetzung für eine Ehe behandelt, selbstverständlich geworden ist, hat die normative Logik jenes Modells, das die Ehe auf die Hervorbringung legitimer Nachkommen fokussiert, seine Plausibilität verloren. Damit holen wir den ersten Schritt unserer Argumentation ein: Das, was wir traditionell als Sexualmoral bezeichnen, gibt es in weiten Teilen unserer Welt schon seit langer Zeit nicht mehr. Der zweite Schritt der Argumentation ist dann leicht zu formulieren: An ihre Stelle ist die Normativität der Liebe getreten.

Sozialhistorische Studien zeigen, wie sich im Übergang zur Moderne mehr und mehr eine neue Form der Ehebeziehung durchsetzt. Nicht mehr Familien verbinden und verbünden sich miteinander, sondern Personen wählen einander. Freilich erfolgen auch diese Wahlen nicht völlig beliebig, sondern – vor allem noch zu Beginn der Moderne – meist innerhalb der Schranken von sozialen Milieus, von Herkunft, Besitz und Religion. Und auch die romantische Liebe bleibt den Gesetzen der Gesellschaft verbunden, selbst noch im Widerspruch zu ihnen. Doch aus der Sicht der Betroffenen verlagern sich im Lauf der Jahrhunderte die Gewichte von der Fremdbestimmung hin zur eigenen Wahl.[26] So bildet sich eine neue Verheißung: Es entsteht die Möglichkeit persönlichen Glücks, wenn die Liebe aus äußeren Fesseln befreit wird – bis dahin, dass der Eindruck entsteht, gerade die arrangierten Ehen seien instabiler, weil ihnen die Möglichkeit fehle, auf emotionale Ressourcen zurückzugreifen und eine innere Bindung zu erzeugen. Nicht mehr die von anderen arrangierte Verbindung zwischen Mann und Frau, die nach externen Kriterien als passend erscheint, wird favorisiert, sondern die innerliche und innige Beziehung, die aus einer gefühlsmäßigen Bindung zwischen zwei Menschen erwächst, die sich hinwegsetzt über die Schranken von Klasse und Stand und nur einen einzigen – eben internen – Maßstab als legitim anerkennt: Liebe.

6. Empfängnisverhütung

Nach den Ausführungen des ersten Teils zum vorrangigen sozialen Naturzweck der menschlichen Sexualität – der Zeugung und Erziehung legitimer Nachkommen – und in Anerkenntnis einer sich durch die Theologiegeschichte ziehenden grundsätzlichen Sexualskepsis kann das moralische Urteil der Tradition über empfängnisverhütende Praktiken nicht mehr überraschen. Wenn die Sexualität lediglich als Mittel zur Reproduktion der menschlichen Gattung moralisch gewürdigt und jenseits dieser Bestimmung kein weiterer Wert mit ihr verbunden wird, muss jede Sexualpraxis, die sich diesem Ziel verweigert, als zutiefst sinnwidrig und damit moralisch verwerflich erscheinen. Wer die mögliche Zeugung neuen Lebens bewusst zu vermeiden trachtet, der negiere deren sittlich verpflichtenden, Mensch und Tier verbindenden Naturzweck.

6.1 Eine geschichtliche Norm

Der Vorbehalt gegenüber der sexuellen Lust, der Verdacht der Verunreinigung und der Maßstab des Natürlichen – jeder dieser drei von uns vorgestellten Aspekte stützt in der Tradition die moralische Ablehnung von Sexualpraktiken, die zwar vielleicht den Reproduktionszweck außer Acht lassen, aber gleichwohl als menschlich wertvoll und beglückend erfahren werden. Wird Sexualität nicht mit sinnlicher Liebe verknüpft, also nicht anerkannt, dass Sexualität eine Liebesbeziehung erst zu einer personal wirklich intimen Beziehung macht, kann das negative Urteil über die Empfängnisverhütung als

Ausdruck einer der menschlichen Sexualität gerecht werden-
den Moral missverstanden werden. Insofern sie Liebe und Sexualität nicht innerlich verbindet, verharrt die kirchliche Sexualmoral im Pessimismus einer Vergangenheit, in der aus
rekonstruierbaren Erwägungen heraus (Sicherung legitimer
Nachkommenschaft und unter Umständen auch Schutz der
moralischen und körperlichen Integrität der Frau) die Sexualität streng diszipliniert werden sollte. Standen einigermaßen
sichere Methoden der Empfängnisverhütung nicht zur Verfügung, erschien es angesichts der in früheren Zeiten verbrei-
teten sozialen Ächtung einer nicht-ehelichen Schwangerschaft zum Beispiel wenig ratsam, den Unverheirateten
kontrazeptive Praktiken als unproblematisch zu empfehlen.
Dies bedeutet allerdings nicht, dass in solchen nicht-ehelichen
sexuellen Verhältnissen nicht auch die Sorge um eine unge-
wollte Schwangerschaft die Paare auf Verhütungsmethoden
zurückgreifen ließ. Die Freude, die sie bei ihrer sexuellen Begegnung wohl empfunden haben, stieß in der christlichen
Moral jedoch auf keine Zustimmung. Diese Dimension der
menschlichen Sexualität war schlicht kein Kriterium für das
moralische Urteil. Wenn Liebe die Sexualität nicht rechtfertigen und sinnliche Freude nur als unvermeidliche Begleiterscheinung am notwendigen Dienst der Fortpflanzung
genossen oder manchen Theologen zufolge nur in Kauf genommen werden darf, dann gibt es für empfängnisverhütende
Praktiken keine moralische Legitimation. Weil aber genau
diese beiden Aspekte – Sexualität als Ausdruck einer intimen
Liebesbeziehung und bejahte Sinnlichkeit – das Gegenwarts-
bewusstsein einer sittlich geordneten und menschlich erfül-
lenden Sexualität prägen, wird das überlieferte Verdikt über
die Kontrazeption heute weder eingesehen noch befolgt.

Die dargelegten Gründe für das negative Urteil über
eine Sexualität, die eine mögliche Empfängnis zu verhüten

sucht, zeigen, wie abhängig die jeweilige Sexualmoral von sozialen, kulturellen und historischen Faktoren ist. Dies gilt auch für die Gegenwart, wenn man sich etwa klar macht, welche Bedeutung in dieser Hinsicht dem Fortschritt zukommt, dass Sexualität zumindest unter den Standards eines einigermaßen ausgebauten modernen Gesundheitssystems heute in viel geringerem Maße mit gesundheitlichen Risiken (nicht zuletzt für die Frau!) einhergeht und es in der Mentalität, in der Medizin und im Recht zu einer breiten Enttabuisierung, Entpathologisierung und Entkriminalisierung vormals als pervers, pathologisch oder kriminell eingestufter Sexualpraktiken gekommen ist. Hier ist vor allem die Geschichte des Umgangs mit der Homosexualität lehrreich. Wer nun aber den grundsätzlichen Emanzipationsgewinn für die weibliche Sexualität nicht zur Kenntnis nimmt, der mit der Möglichkeit einer doch vergleichsweise sicheren und von den Frauen selbst verantworteten hormonellen Verhütungsmethode (bei allen nicht zu leugnenden möglichen Nebenwirkungen) einhergeht, wird zu keinem fairen Urteil über die gewandelten sexuellen Verhältnisse gelangen können. Wer die Verurteilung der Kontrazeption als ewige Wahrheit präsentiert, kann dies nur mit dem Rücken zur Geschichte tun. Und tatsächlich dient ja letztlich nicht die freie Vernunftnatur des Menschen als Grund für die Verurteilung der Empfängnisverhütung, sondern, wie wir gesehen haben, die dieser spezifisch menschlichen Natur vorgeordnete animalische Natur. Es ist der normative Vorrang dieser Schicht der menschlichen Natur, der zu einer Sexualmoral führt, in der personale Kategorien – Selbstbestimmung, Liebe und Verantwortung – nur einen nachrangigen Stellenwert besitzen. Wer aus der Empfängnisverhütung ein fundamentales Problem macht, offenbart seine grundsätzliche Fremdheit gegenüber der modernen Kultur menschlicher

Freiheit.[1] Wir werden darauf im Kapitel über die Menschenwürde zurückkommen.

Da es in ethischer Hinsicht nicht genügt, zur Stützung einer moralischen Überzeugung auf die Kontinuität einer Norm zu verweisen – denn dann wäre jegliche Tradition als solche bereits sittlich gerechtfertigt, was vor dem Hintergrund geschichtlich lang anhaltender Unrechtserfahrungen offenkundig eine unhaltbare Position darstellt –, ist auch der kirchlich gerne benutzte Hinweis darauf, man habe doch die Empfängnisverhütung (ganz so wie die gleichgeschlechtliche Sexualität) stets moralisch verurteilt, nicht mehr als eine historisch zwar vielleicht zutreffende, aber geltungstheoretisch wenig ertragreiche Aussage. Erst wenn man sich für die Frage ernsthaft zu interessieren beginnt, welche Gründe denn in der Vergangenheit für ein überliefertes Ge- bzw. Verbot der christlichen Sexualmoral geltend gemacht wurden, kommt man überhaupt in den Bereich einer argumentativen Auseinandersetzung. Nur wenn diese Gründe auch heute noch das moralische Bewusstsein als gute Gründe überzeugen können, ist die Tradierung einer Norm ethisch legitim. An einem berühmten historischen Beispiel kann dies deutlich gemacht werden.

6.2 Gegen die Ablehnung von Ehe und Kindern

Die spätantike Religion (manche sprechen von einer religiösen Sekte) des Manichäismus[2], verächtlich benannt nach ihrem Gründer Mani (216–277), war mit einer Reihe ihrer Elemente (Schrift- und Offenbarungsreligion mit universalistischem und missionarischem Anspruch, Apostelkreis, Gründung einer „Kirche") dem Christentum nicht unähnlich und verstand sich selbst als dessen Vollendung. In seinem Evangelium vertrat Mani eine Sittenlehre auf Grundlage eines überaus strengen Dualismus von Licht und Dunkel, von Gut und Böse, die eine „totale Absage an Eigentum und Sex"[3] beinhaltete, freilich nur für den inneren Kreis der „Erwählten" verbindlich war. „Wollust und Verlangen wurzeln in unserer fleischlichen Natur, und jederzeit können sie (...) wieder das Licht der Seele verdunkeln."[4] Die zahlenmäßig größere Gruppe der „Hörer" war nicht zur sexuellen Abstinenz verpflichtet. Da aber im manichäischen Mythos von der Entstehung der Welt und des Menschen die sexuelle Fortpflanzung von Anfang an mit dem „Reich der Finsternis" in Verbindung steht und das Licht in der aus Gut und Böse vermischten Natur des Menschen „gefangen" genommen wurde, soll verhindert werden, dass sich das Licht durch die Erzeugung von Nachkommen weiter zerstreut und dessen „Bergung" immer schwieriger wird. Die Hörer durften Sex haben, sollten aber keine Kinder zeugen. Daraus resultiert die manichäische *Propagierung der Empfängnisverhütung* in Gestalt des „Gebrauchs der sterilen Periode, wie sie von der griechischen Medizin bestimmt worden war."[5] Zugleich wurden die Manichäer mit „sexuellen Verleumdungen bombardiert"; ein „schockierendes Gerücht" brachte die Zusammenkunft der Erwählten zu einer Mahlzeit mit dem „Verspeisen lichtreichen Spermas" in Verbindung, wodurch das Licht durch die Erwählten „in einer außergewöhnlich hohen Konzentration" freigesetzt werden sollte.[6] So verstärkt sich der Vorwurf der manichäischen *Trennung von Sexualität und Fortpflanzung.* Nicht erst Augustinus, vor seiner Bekehrung zum christlichen Glauben seit 373 ein knappes Jahrzehnt selbst „mit Haut und Haaren"[7] ein Hörer der manichäischen Lehre, polemisiert heftig gegen diese letztlich ehefeindliche Sexualmoral, hinter der eine mit dem Christentum unvereinbare dualistische Schöpfungstheologie stehe.

Der Vorwurf, die Lehre Manis sei feindlich gegenüber dem Menschengeschlecht, trägt bei zur Verfolgung der Sekte durch Kirche und Staat im 4. und 5. Jahrhundert. Augustinus formuliert den Gegensatz zwischen beiden Sittenlehren wie folgt: „Das ewige Gesetz, das heißt, der Wille Gottes, des Schöpfers aller Kreaturen, das die sittliche Ordnung schützt und nicht der Begierde, sondern der Erhaltung des Menschengeschlechts dient, erlaubt deshalb, dass bei der körperlichen Vereinigung die Lust des sterblichen Leibes nur zur Zeugung der Nachkommenschaft von der Herrschaft der Vernunft befreit werde. Aber das verderbte Gesetz der Manichäer befiehlt denen, die Verkehr haben, vor allem Nachkommenschaft zu vermeiden, damit ihr Gott [die göttlichen Lichtpartikel], dessen Gefangenschaft in jedem Samen sie beklagen, in der Empfängnis einer Frau nicht noch enger gefesselt werde. Deshalb lassen sie ihren Gott lieber durch ein schändliches Entgleiten [durch einen *coitus interruptus*] ausfließen, als dass er durch eine grausame Verbindung gefangen werde."[8] Wer auf diese Weise mit seiner Frau verkehrt, behandelt sie nach Überzeugung christlicher Autoren wie eine Hure, da es ihm nur um die Befriedigung der Lust geht. Noch einmal Augustinus: „Wo aber die Mutterschaft verhindert wird, besteht keine Ehe; denn dann ist keine Ehefrau da."[9] Die heftige christliche Abwehr der Sexualmoral der Manichäer hat zu tun mit deren religiösem Hintergrund: Verkehr, „der vorsätzlich die Zeugung ausschloss, wurde als heilig dargestellt."[10]

Der amerikanische Jurist, Rechts- und Moralhistoriker John T. Noonan, Verfasser des Standardwerkes zur Geschichte der theologischen Beurteilung der Empfängnisverhütung, hat auf den reizvollen Umstand aufmerksam gemacht, dass Augustinus genau die Verhütungsmethode attackiert, die im Laufe des 20. Jahrhunderts vom römischen Lehramt zur sittlich einzig erlaubten erklärt worden ist.[11] Die augustinische Sorge galt weniger der Frage, wie eine konkrete Methode ethisch abzuwägen ist, als vielmehr dem Bemühen, sich von einer religiös unterfütterten generellen Ablehnung von Fortpflanzung zu distanzieren, die mit den eigenen Glaubenswahrheiten nicht kompatibel war. Weder die manichäische noch die augustinische Position sind rein ethisch begründet; jedenfalls nicht im Sinne einer Ethik, der es um das menschlich Gute einer Handlung geht.

6.3 Der Natur und dem Lehramt untergeordnet

Die christliche Sexualethik entwickelt sich historisch betrachtet als eine Mischung aus biblischen Vorgaben, deren Autorität nicht in Zweifel gezogen wurde, und antiken philosophischen Lehren, vor allem platonischer und stoischer Herkunft. Die eigene Position wird dabei weniger systematisch entfaltet als häufig in Auseinandersetzung mit diversen konkurrierenden religiösen Strömungen (Gnosis, Manichäismus). Man reagiert auf Entwicklungen, die als Infragestellungen der „rechtgläubigen" Morallehre wahrgenommen werden. Im Laufe der Christentumsgeschichte wird die Normativität der Schrift jedoch im Katholizismus mehr und mehr verdrängt durch die Normativität des – nach eigenem Urteil – die Schrift verbindlich auslegenden kirchlichen Lehramtes. Es kommt seit der Mitte des 19. Jahrhunderts zu einer regelrechten Verkirchlichung der katholischen Morallehre, die in der Überzeugung gipfelt, in letzter Instanz komme dem Inhaber des höchsten Lehramtes, dem Papst, die Kompetenz zu, moralische Wahrheiten sicher zu definieren.[12] Die katholische Kirche wird zur moralischen Lehrmeisterin und bleibt sich weitgehend treu in dem historisch erlernten Muster, auf Veränderungen in ihrer Umwelt vor allem durch Abgrenzen und Beharren zu reagieren. Ganz sicher gilt dies für die sexualethische Frage der Empfängnisverhütung. Das kirchliche Interesse, Identität durch Kontinuität zu bewahren, drängt die Suche nach authentischen sittlichen Antworten auf neue moralische Herausforderungen in den Hintergrund. Das Konstrukt, immer und überall die gleiche Antwort auf die Fragen der Empfängnisverhütung (oder auch der vorehelichen oder der gleichgeschlechtlichen Sexualität) gegeben zu haben, wird zum selbstreferentiellen Argument, um eine Weiterentwicklung oder Revision der Lehre als unstatthaft zurückzuweisen. Das fundamentale Problem dieses Beharrens: Man muss entweder den Vorrang der Liebe negieren oder aber erklären, warum sich Liebe und Empfängnisverhütung, Liebe und vorehelicher oder gleichgeschlechtlicher Sex ausschließen. Beide Strategien sind im 20. Jahrhundert verfolgt worden. Wir konzentrieren uns an dieser Stelle auf die wichtigsten päpstlichen Bewertungen kontrazeptiver Methoden.

Auch unter gläubigen Christinnen und Christen verbreitet sich im 19. Jahrhundert die Praxis, empfängnisverhütende Methoden (*coitus interruptus* [damals häufig als Onanismus bezeichnet], Kondome) zur Geburtenkontrolle zu nutzen.[13] Die besorgte Geistlichkeit richtet sich an römische Behörden mit der Bitte um moralische Klärung: Welche Verantwortung trägt der Ehegatte, der an einem empfängnisverhütenden Tun mitwirkt[14] – gemeint ist die Ehefrau –, und ist der Beichtvater verpflichtet, nach dieser Sünde zu fragen? Und wie ist mit der Tatsache umzugehen, dass offenkundig auch in katholischen Ehen guten Glaubens Empfängnisverhütung praktiziert und zudem als Ausdruck der Liebe zwischen den Eheleuten bewertet wird? Das Lehramt lässt sich auf diese Perspektive und Erfahrung der Eheleute nicht ein und besteht auf der überlieferten moralischen Verurteilung, die sich auf die scheinbare Natur- und Schriftwidrigkeit (Gen 38,8–10[15]) stützt. Zu energischeren römischen Wortmeldungen und Gegenmaßnahmen – zuweilen in Nähe zu nationalistischen Motiven[16] – kommt es aber erst im 20. Jahrhundert angesichts fallender Geburtenziffern auch in Ländern mit einem hohen Katholikenanteil. In seiner Enzyklika *Casti connubii* von 1930, die für Jahrzehnte „feierlichste, vollständigste und maßgebendste Darstellung"[17] der katholischen Ehelehre, wendet sich Pius XI. gegen die „gefährlichen Irrlehren und verderbten Sitten", die „sich auch unter den Gläubigen breit zu machen begonnen haben"[18], und schließt dabei die Empfängnisverhütung ein. Die katholische Kirche, so proklamiert der Papst, „von Gott selbst zur Lehrerin und Wächterin der Unversehrtheit und Ehrbarkeit der Sitten bestellt, (erhebt) inmitten dieses Sittenverfalls, zum Zeichen ihrer göttlichen Sendung, um die Reinheit des Ehebundes von solch schimpflichem Makel unversehrt zu bewahren, durch Unseren Mund laut ihre Stimme und verkündet von neuem: Jeder Gebrauch der Ehe, bei dessen Vollzug der Akt absichtlich seiner natürlichen Kraft zur Weckung neuen Lebens beraubt wird, verstößt gegen das Gesetz Gottes und der Natur, und die solches tun, beflecken ihr Gewissen mit schwerer Schuld."[19]

Trotz des vorsichtigen Versuches des Papstes, die personale Beziehung der Ehegatten „als Hauptgrund und eigentlichen Sinn der Ehe" zu bestimmen, wenn man die Ehe „nicht im engeren Sinne als Einrichtung zur Zeugung und Erziehung des Kindes, sondern im weiteren als volle Lebensgemeinschaft"[20] verstehe, bleibt die eheliche Liebe im Gesamtduktus der Enzyklika doch „in der Peripherie"[21]. Immerhin erhält erstmalig der sexuelle Vollzug dieser Liebe als ein Gut für die Eheleute eine gewisse positive Bedeutung.[22] Katholische Autoren formulierten den Zusammenhang von Liebe und Sexualität in den Jahren vor und nach *Casti connubii* entschiedener: „Der Akt ehelicher Gemeinschaft hat einmal den Zweck der Fortpflanzung, außerdem aber den Sinn einer einzigartigen Liebesvereinigung."[23] Im Unterschied zur bisherigen Tradition wird der eheliche Sex damit im Wesentlichen durch die Liebe der Eheleute zu einem sittlichen Tun.

Pius XII. setzte der verhaltenen Hinwendung seines Vorgängers zu einem personaleren Eheverständnis 1951 eine Bekräftigung des althergebrachten Naturzwecks entgegen.[24] Wer die von „Gott selbst getroffene Ordnung einer Überprüfung und Neuregelung unterziehen"[25] und dabei den ehelichen Akt als Ausdruck der Liebe unabhängig von seinem Dienst an der Fortpflanzung bewerten wolle, verkenne, dass die Ehe „nach dem Willen des Schöpfers zum primären und innersten Zweck nicht die persönliche Vervollkommnung der Gatten hat, sondern die Weckung und Erziehung neuen Lebens."[26] Jeder mögliche andere Zweck der Ehe sei dem Naturzweck „untergeordnet"[27]. Auch die Liebe der Ehepartner ist auf diesen Zweck ausgerichtet, insofern sie dem Wohl der Nachkommenschaft förderlich ist. Jeder Eingriff „in den Vollzug des ehelichen Aktes oder in den Ablauf seiner natürlichen Folgen"[28], der die Weckung neuen Lebens verhindert, verstoße gegen das Sittengesetz. Die Antwort des Papstes auf die gesellschaftlichen und theologischen Entwicklungen „ist konsequent restriktiv"[29].

Neu ist, dass durch die Formulierung der Norm bezüglich der Empfängnisverhütung nun die Methode der Zeitwahl lehramtlich ausdrücklich als moralisch zulässig beurteilt wird – wenn die Eheleute dafür gute Gründe haben –, insofern dabei in die Natur des ehelichen Aktes selbst nicht eingegriffen wird und nicht die Absicht besteht, auf Nachkommenschaft ganz zu verzichten. Der Preis für diese „Erlaubnis": Die Beachtung einer biologisch vorgegebenen Gesetzmäßigkeit, des weiblichen Zyklus, wird mit der Respektierung des göttlichen Schöpfungsplans gleichgesetzt. So wird ein natürliches Phänomen quasi sakralisiert und kontrafaktisch normiert, weil die Lust in der nicht „empfängnisbereiten" Zeit geringer ist. Es wird ein Gegensatz zwischen „natürlichen" und „künstlichen" Methoden etabliert, der den Menschen als Freiheitswesen verfehlt. Das Ergebnis ist eine verabsolutierte Norm. Der französische Priester und Philosoph Ignace Lepp warf im Jahr 1960 in einem kurzen Beitrag der Kulturzeitschrift *Magnum* daher zu Recht die Frage auf, warum sich die „katholische Hierarchie den wirksamen Mitteln der Geburtenregelung gegenüber so ablehnend" verhalte. „Vergebens", so schreibt Lepp, „habe ich in Büchern der Moraltheologie nach einer Antwort gesucht, die für einen gebildeten Menschen von heute intellektuelle Gültigkeit besitzt. Ich stellte die Frage mehreren Priestern, die für die Schwierigkeiten der Familien echtes Verständnis hatten. Sie sprachen über das ‚Naturrecht', denn die Anwendung der meisten Geburtenregelungsmittel gehe gegen die Natur. Keiner von ihnen aber war fähig, wissenschaftlich nachzuweisen, was die ‚Natur' der Liebe ist und welche also ihre Rechte sind."[30] Und noch weniger, so fährt er fort, waren sie imstande, die moralische Differenz zwischen den von der Kirche erlaubten und unerlaubten Methoden der Geburtenregelung zu erklären.

6.4 Lehre im Abseits

Die weitere Geschichte ist bekannt und häufig erzählt worden[31]: Das Zweite Vatikanische Konzil erklärt zwar 1965, dass die eheliche Sexualität als Ausdruck der Liebe „von Person zu Person"[32] von sittlicher Würde ist[33], soll sich aber auf eine päpstliche Intervention hin zur Frage der Empfängnisverhütung selbst nicht äußern, die in den sechziger Jahren durch die Möglichkeit der Ovulationshemmung erneut auf der Tagesordnung stand.[34] „Die Verfügbarkeit sicherer Methoden der Empfängnisverhütung wurde mehr und mehr zur akzeptierten Selbstverständlichkeit, zur *kulturellen Prämisse* aller Beurteilungen im Bereich von Partnerschaft und Elternschaft. Die Folgenlosigkeit des Sexualkontakts im Hinblick auf die Möglichkeit einer Schwangerschaft wird heute sozial vorausgesetzt."[35] Nur drei Jahre nach *Gaudium et spes* wird die von Pius XI. formulierte und durch Pius XII. modifizierte Norm durch Paul VI. in *Humanae vitae* bekräftigt. Allerdings wird sie in einem neuen Gewand vorgeführt, dem Postulat der Untrennbarkeit von ehelicher Liebe und Fortpflanzung[36], das – wie heute bekannt ist – auf Überlegungen des damaligen Erzbischofs von Krakau, Karol Wojtyła, zurückzuführen ist, der nach seiner Wahl zum Papst die Verteidigung der Ehemoral von *Humanae vitae* zu einem Hauptanliegen seiner Verkündigung und Kirchenpolitik macht und mit diesem Programm die katholische Kirche ins dritte Jahrtausend führt.[37]

Das Untrennbarkeitspostulat besagt, dass eine sexuelle Vereinigung nur dann Ausdruck von „gegenseitiger und wahrer Liebe"[38] ist, wenn dabei nicht eine „künstliche" Methode der Empfängnisverhütung praktiziert wird. Auf den ersten Blick scheint damit eine personale Begründung jenseits der Naturwidrigkeit artifizieller Kontrazeption gefunden worden zu sein.[39] Aber warum soll „künstliche" Empfängnisverhütung mit der Liebe der Partner unvereinbar sein, wenn sie einvernehmlich und in gegenseitiger Verantwortung praktiziert wird? Die Antwort von Karol Wojtyła/Johannes Paul II. in der von ihm unermüdlich vorgetragenen „Theologie des

Leibes" lautet, dass der Mensch sich nur dann als Person realisiert, wenn er dabei den natürlichen Gesetzmäßigkeiten weiblicher und männlicher Körper unbedingt Achtung entgegenbringt. Wird das Verhältnis der Person zu ihrer eigenen biologischen Konstitution aber auf diese Weise bestimmt, kommt es zu einer Missachtung der Unterscheidung zwischen dem Körper-Sein und dem Körper-Haben, die in der philosophischen Anthropologie des 20. Jahrhunderts von grundlegender Bedeutung ist, weil sie die Person als Freiheitswesen von Natur aus denken kann. „Das anthropologische Grundgesetz der ,natürlichen Künstlichkeit', das den Menschen zur plastischen Formung und Indienstnahme seines Körpers ermächtigt, weicht dann einer unvermittelten, distanzlosen Gebundenheit an diesen."[40] Wenn lehramtlich die bewusste Trennung der beiden Aspekte, nämlich der liebenden Vereinigung und der Fortpflanzung, seit Pius XII. moralisch zulässig ist, stellt sich die Frage, warum diese Trennung nicht auch anders als mit der Methode der Zeitwahl herbeigeführt werden darf. Letztlich hält auch die personalistische Argumentation von Johannes Paul II. trotz des gegenteiligen Anscheins am Primat des Fortpflanzungszwecks fest. Und das ist stimmig, weil es erklärte Absicht schon von Karol Wojtyła war, die tradierte Norm, die auf dem Vorrang des natürlichen Zwecks beruht, nicht zu ändern, sondern „möglichst endgültig" [41] zu begründen. Wenn Karol Wojtyła/Johannes Paul II. von Liebe, Verantwortung, Freiheit oder Würde der Person spricht, geschieht dies immer unter der Prämisse, die überlieferte katholische Ehemoral zementieren zu wollen. Die päpstliche Auslegung so zentraler ethischer Begriffe der Moderne wie Verantwortung, Freiheit oder Würde geschieht ganz unter der Vorgabe, nicht in Kollision mit den Normen der lehramtlichen Sexualmoral zu geraten. Dass unter diesem Konformitätsdruck dem römischen

Lehramt weder die sittliche noch die sexuelle Selbstbestimmung als legitim erscheinen, verwundert nicht; ebenso wenig wie die Tatsache einer kaum noch vorhandenen Resonanz auf die kirchliche Sexualmoral unter den Zeitgenossen moderner, liberaler Gesellschaften. „Die Entscheidung über die Zahl der Kinder [sowie über die Methoden der Empfängnisverhütung, d. Verf.] gilt als höchst private Angelegenheit eines Paares oder einer Frau, *und eben diese private Entscheidungsfreiheit ist eine verbindliche Norm*, welche (…) auch mit dem freiheitlichen Ethos der Selbstbestimmung zu tun hat."[42] Es sind nicht zuletzt viele Frauen, die mit dem tiefen Pessimismus, der ihnen aus den römischen Dokumenten der letzten Jahrzehnte entgegenschlägt und ihnen nicht zuzutrauen scheint, im Hinblick auf das eigene Sexualleben partnerschaftliche Entscheidungen treffen zu können, sondern überall nur Hedonismus und Glaubensabfall wittert,[43] ihre Würde als autonome Subjekte missachtet sehen. Man sollte den vielzitierten Satz aus der Nummer 37 von *Amoris laetitia* als Antwort auf diese Entwicklung lesen: „Wir sind berufen, die Gewissen zu bilden, nicht aber dazu, den Anspruch zu erheben, sie zu ersetzen."

7. Homosexualität

Die Negierung und Verdammung der gleichgeschlechtlichen Liebe zieht sich durch die Christentumsgeschichte bis in unsere heutige Zeit. Wie in keinem zweiten Bereich der Sexualmoral reißt das Urteil über Homosexualität tiefe Gräben in christliche Gemeinschaften quer durch die Konfessionen. Den einen gilt die negative Bewertung von Homosexualität als unverzichtbar für die Bewahrung der Kontinuität und Identität der christlichen Lehre, weil Schrift und/oder Tradition hier keinen Spielraum ließen, den anderen als Relikt von Vorurteilen, die Vernunft und Erfahrung widersprächen und daher endlich hinter sich zu lassen seien. So verdichten sich bei dieser Thematik die Kontroversen um die Frage, ob die tradierte Lehre revidiert werden soll oder nicht.[1]

Die katholische Kirche steckt gleich in mehrfacher Weise in einem tiefen Zwiespalt. Sowohl in den Ortskirchen als auch zwischen ihnen prallen unterschiedliche Positionen hart aufeinander. Ebenfalls uneins präsentiert sich das römische Lehramt, das widersprüchliche Signale sendet. Man wolle Homosexuelle weder verurteilen noch diskriminieren. Zugleich verweigert man ihnen jedes positive Wort über ihre intimen Beziehungen und betrachtet deren moralische und rechtliche Anerkennung als Irrweg. Die berühmten päpstlichen Worte „Wer bin ich, ihn zu verurteilen"[2] stehen neben der Mahnung, Schwule nicht zu Priestern zu weihen, weil sie „in schwerwiegender Weise" daran gehindert seien, „korrekte Beziehungen zu Männern und Frauen aufzubauen"[3] – eine recht schnöde Aufwärmung der Meinung, das Problem des sexuellen Missbrauchs in der katholischen Kirche sei das Problem der homosexuellen Kleriker. Längst weist die Vermutung in die andere

Richtung: Das verachtete und verdrängte eigene homosexuelle Begehren gilt als Hemmnis einer erwachsenen, kultivierten Sexualität.[4]

Um es auf den Punkt zu bringen: Vom *Vorrang der Liebe* ist die katholische Morallehre beim Thema Homosexualität meilenweit entfernt, weil man in Abrede stellt, dass Schwule und Lesben überhaupt eine Liebesbeziehung eingehen können. Wie konnte es zu einer so offenkundigen *Nihilierung menschlicher Erfahrungen* kommen?

7.1 Liebe jenseits der Geschlechterdifferenz

Dass Intimität und Liebe wechselseitig aufeinander bezogen sind, stellt eine relativ junge Errungenschaft der Kulturgeschichte dar. Zu Liebesbeziehungen gehört heute wie selbstverständlich die Freude an der sexuellen Begegnung. Und an sexuelle Intimität wird der Maßstab einer Liebe angelegt, in der die Wünsche und das Wohl des und der anderen von beiden Partnern anerkannt und respektiert werden. Die entscheidende Frage in einer Beziehung ist daher nicht die nach dem Geschlecht, sondern die nach der Liebe des Partners. Der oder die „Richtige" ist nun die Person, bei der mein und ihr freies liebevolles Begehren eine gemeinsame Welt bilden. Zu dieser Perspektive auf intime Liebesbeziehungen gehört, dass Partnerschaftsnormen gegenüber Geschlechternormen vorrangig geworden sind. Nicht wie ich mich *als* Frau oder *als* Mann sexuell verhalte, entscheidet über die Moral meiner Liebesbeziehung, sondern welche ethische Haltung ich *als* Partnerin oder *als* Partner gegenüber der und dem anderen einnehme.

Diese Verschiebung des Maßstabes, weg von der *Differenz der Geschlechter* hin zur *Relation von Personen*, ereignet sich in einer Gesellschaft und Kultur, in der symmetrische und gleichberechtigte Verhältnisse zwischen den Geschlechtern mehr und mehr zur geteilten Erfahrung und Erwartung werden. Wenn in der sozialen Welt – im Prinzip – die individuellen Fähigkeiten darüber entscheiden, wie erfolgreich eine Person sich in den unterschiedlichen Sektoren der Wirklichkeit (der Politik, der Wirtschaft, der Wissenschaft, der Kunst usw.) bewegen und entwickeln kann, wenn die Bildung von individuellen Fähigkeiten also mehr gefragt ist als die Reproduktion von stereotypen Rollenbildern, dann erscheint die Vorstellung anachronistisch, dass im Lebensbereich von intimer Partnerschaftlichkeit alles an der geschlechtlichen und nicht an der personalen Identität hängen soll. Der Vorrang der Geschlechterdifferenz leuchtet nur ein, solange sexuelle Intimität in erster Linie die beiden Zwecke verfolgen soll, die auf diese Differenz angewiesen sind, also die Zeugung und Erziehung von legitimer Nachkommenschaft und die Darstellung einer sozialen Asymmetrie zwischen Mann und Frau im Raum der Ehe. Haben die beiden Aspekte *Reproduktion* und *Komplementarität* Vorrang, haben gleichgeschlechtliche Beziehungen keine Chance, als legitime Partnerschaften anerkannt zu werden. Sie weichen vom Achtungswürdigen ab. Es gibt für Schwule und Lesben unter diesem Vorzeichen der Devianz keinen Zutritt zur sozialen Welt moralisch akzeptabler intimer Partnerschaft. Es bleiben dann nur subkulturelle Ausweichmöglichkeiten, die denjenigen, die Schwule und Lesben darin abdrängen, zugleich zum Beleg ihres diffamierenden Urteils dienen, solche „asozialen Wesen" seien eine Gefahr für die soziale Ordnung.

7.2 Was die Bibel nicht billigt

Nach geltender Lehre der katholischen Kirche sind homosexuelle Handlungen „in sich nicht in Ordnung" und deshalb „in keinem Fall zu billigen", weil, das ist der Kern der Begründung, dabei die „Weitergabe des Lebens" ausgeschlossen ist: „Sie entspringen nicht einer wahren affektiven und geschlechtlichen Ergänzungsbedürftigkeit."[5] Dieses Urteil stützt sich nach Auskunft des Katechismus auf die Heilige Schrift und die kirchliche Überlieferung. Der Vorrang von Reproduktion und Komplementarität könnte kaum klarer ausgedrückt werden. Es sind die Kriterien einer vergangenen Welt, die sich auch in den wenigen biblischen Texten widerspiegeln, die über die gleichgeschlechtliche Sexualität sprechen.

Am bekanntesten und unheilvollsten ist die Sodom-Erzählung aus dem 19. Kapitel des Buches Genesis.[6] Darin wird erzählt, wie „die Leute" („alles Volk", so übersetzt die Einheitsübersetzung) der Stadt Sodom Lot gewaltsam bedrängen, die beiden Gäste auszuliefern, die er für die Nacht bei sich aufgenommen hat, um mit ihnen sexuell zu verkehren. Die von Lot beherbergten Männer, die in Gen 19,1 als zwei Gottesboten die Szene betreten, retten sich mit göttlicher Hilfe und kündigen im Auftrag Gottes das Verderben Sodoms an. In der Exegese herrscht heute weitgehender Konsens, dass die „Sünde Sodoms" primär in der Missachtung des Gastrechts liegt. Völlig zu entsexualisieren ist die Geschichte dennoch nicht. Männer wollen Männer „erkennen" – ein biblisches Wort für den sexuellen Akt –, um sie auf diese Weise, das ist die Pointe, *gewaltsam zu demütigen*. Im Kontext der geltenden sozialen Norm stellt die aufgezwungene sexuelle Handlung eine kaum zu überbietende Erniedrigung der Gäste Lots dar. Sie würden ihres männlichen Status beraubt, indem man sie sexuell wie eine Frau behandelte. Das Verbrechen der Gruppenvergewaltigung käme dem sozialen Tod der Opfer gleich. Es besteht weniger in dem die Selbstbestimmung und Gesundheit missachtenden Angriff auf die körperlich-sexuelle Integrität der Person als in dem erzwungenen Verlust der sozialen Position, die mit Männlichkeit einhergeht.

In diesem Deutungszusammenhang sind auch die beiden knappen Äußerungen im Buch Levitikus zu betrachten (Lev 18,22 und 20,13). Der männliche homosexuelle Akt ist Gott ein solcher Gräuel, weil sich Männer dabei ihrer *Pflicht als Männer* entziehen, ihren schuldigen Beitrag zum Fortbestand des Gottesvolkes zu leisten. Die Verwerfung beruht abermals auf einer bestimmten Norm von Männlichkeit, die als essentiell für die soziale Ordnung und das Überleben der Gemeinschaft angesehen wird. So erklärt sich vielleicht auch, warum die weibliche Homosexualität den biblischen Texten keine einzige Silbe wert ist. Diskutiert wird auch, ob die Aussagen im Buch Levitikus nicht in erster Linie als Abgrenzung gegenüber fremden Kultpraktiken zu verstehen sind.[7]

Im Neuen Testament äußert sich nur der Apostel Paulus zur gleichgeschlechtlichen Sexualität (vor allem in Röm 1,24–27, zudem 1 Kor 6,9; 1 Tim 1,10). Als Jude ist ihm das Urteil der Schrift vertraut und Paulus setzt sich darüber an keiner Stelle hinweg. Für die Verdammung der männlichen homosexuellen Akte verzichtet er daher auf eine eigene ethische Begründung. Er konnte dieses Verhalten offenbar nicht anders denn als Ausdruck einer willentlichen und damit schuldhaften Verkehrung der von Gott gegründeten „natürlichen" sozialen Ordnung des Geschlechterverhältnisses begreifen.[8] Von Paulus bis weit in die Neuzeit reicht die Vorstellung, im gleichgeschlechtlichen Verhalten pervertiere ein Mensch sein natürliches heterosexuelles Begehren.

Was folgt aus diesen exegetischen Beobachtungen? Aus ethischer Sicht – strenggenommen – sehr wenig. Die bloße Tatsache, dass in der Heiligen Schrift ein bestimmtes Verhalten moralisch gelobt oder missbilligt wird, ist noch kein hinreichendes Argument in der Sache.[9] Nicht das Vorkommen eines Gebotes zählt, sondern dessen Begründung. Wir müssen daher immer fragen, welches Gut durch eine moralische Norm geschützt werden soll. Im Falle der biblischen Verurteilungen gleichgeschlechtlicher männlicher Sexualpraktiken haben wir gesehen, dass damit die Stabilität einer patriarchalen Geschlechterordnung abgesichert werden soll, für die die generative Potenz (Reproduktion) und die sexuelle und soziale Dominanz des Mannes (Komplementarität) kennzeichnend sind. Ein sexuell ausgelebtes Liebesverhältnis zwischen zwei Männern ist jenseits des kulturellen Horizontes der biblischen Texte. Gleichgeschlechtliches sexuelles Verhalten taucht lediglich als negativ belegtes Klischee auf. Paulus etwa reproduziert im Römerbrief „das geläufige jüdische Vorurteil von heidnischer Verkommenheit"[10]. Daraus eine verbindliche Norm abzuleiten, die alle Kulturen überspannt, überschreitet die Grenze hin zu einer fundamentalistischen Bibellektüre, gegen die sich die katholische Kirche (zumindest in der theologischen Theorie) zu Recht verwehrt.

7.3 Notwendige Unterscheidungen

Die Heilige Schrift ist nur scheinbar die ethische Stütze für die heutige moralische Verurteilung homosexuellen Verhaltens, für die sie der Katechismus hält. Was bedeutet das für die kirchliche Überlieferung, die „stets erklärt"[11] hat, dieses Verhalten sei im Sinne der Schrift eine Sünde? Und zwar eine zum Himmel schreiende Sünde, die den Zorn Gottes erwecke und im Bereich menschlicher Sexualität das gravierendste Vergehen sei (*crimen pessimum*). Stellt sich heraus, dass das biblische Urteil auf Annahmen beruht, die heute ihre Überzeugungskraft verloren haben, in der Geschichte aber traditionsbildend geworden sind, dann kann aus der Tatsache, dass man gleichgeschlechtliches Verhalten stets verurteilt hat, keine absolute Geltung für die Gegenwart gefolgert werden. Ein tradiertes Missverständnis oder Vorurteil bleibt ein Missverständnis oder Vorurteil.

Um der Lebenswirklichkeit Homosexueller moralisch gerecht zu werden, sind gegenüber der biblischen Vorstellungswelt bestimmte historische Prozesse und ethische Einsichten zu berücksichtigen. Zunächst zu einer ethisch notwendigen Unterscheidung hinsichtlich der Bewertung sexueller Praktiken:

(1) Für ein moralisches Urteil über gleichgeschlechtliche Sexualität reicht es nicht aus, lediglich auf deren Faktizität hinzuweisen. Die Aussage „dies ist ein homosexueller Akt" alleine kann das moralische Urteil noch nicht bestimmen. Denn dieser Akt kann sehr Verschiedenes sein: Ausdruck der Liebe zwischen zwei Menschen oder gewaltsame Missachtung der Würde des anderen. Es kommt also entscheidend auf die Umstände einer Handlung an, ob diese als gut oder als schlecht zu bewerten ist. Der Umstand zum Beispiel, dass ein Mensch einem anderen eine sexuelle Handlung zur Befriedigung eigener (Macht-)Gelüste aufzwingt, macht einen gleichgeschlechtlichen (ebenso wie einen heterosexuellen) Akt zu einer unsittlichen Handlung. Im Falle, dass sich zwei Menschen liebevoll sexuell begegnen, muss das Urteil anders ausfallen. Wir treffen diese Unterscheidung wie selbstverständlich im Bereich der Bewertung einer Tötungshandlung und unterscheiden zwischen Notwehr, fahrlässiger Tötung oder Mord. Wenn wir beim Gut des menschlichen

Lebens diese Unterscheidungen treffen, warum dann nicht beim Gut der menschlichen Sexualität? Die Tradition blickt – jedoch ausschließlich beim heterosexuellen Verkehr – sehr genau auf die Umstände der Handlung: Die Ehelichkeit des Aktes ist der Umstand, der die menschliche Sexualität (in einem engen Rahmen) ordnet und rechtfertigt.

(2) Zweitens sind humanwissenschaftliche Erkenntnisfortschritte zu berücksichtigen. Nicht, um auf deren Basis eine neue Moral zu formulieren – das bleibt Aufgabe der Ethik – aber um unsere Urteile über das Phänomen der Homosexualität zu prüfen und gegebenenfalls zu revidieren. Von Homosexualität als der tief in der Identität einer Person verwurzelten *Normvariante des sexuellen Begehrens und der menschlichen Beziehungsfähigkeit* sprechen die Humanwissenschaften seit dem letzten Drittel des 19. Jahrhunderts.[12] Erst 1879 wird überhaupt der Begriff der Homosexualität geprägt. Das neue Konzept löst die Vorstellung ab, Homosexualität sei eine Perversion der „natürlichen" heterosexuellen Bestimmung einer Person. Vielmehr stellt sich Homosexualität als natürliche Variante menschlicher Sexualität heraus, die weder auf Verführung noch auf psychische Defekte zurückzuführen ist. In diesem Sinne erfüllt die Homosexualität das, was der Tradition im Hinblick auf die Kategorie der Natur so wichtig gewesen ist. Sie verweist auf eine unserem Handeln und Urteilen *vorgegebene Realität*, die nicht Produkt menschlicher Entscheidungen ist. Wer Homosexualität weiterhin als naturwidrig bezeichnet, der macht sich eines Reduktionismus schuldig. Er betrachtet bei der menschlichen Sexualität isoliert die Dimension der Fortpflanzung und blendet die Dimensionen der Beziehungsgestaltung und des sinnlichen Lustgewinns völlig aus. Daher fällt es (nicht nur) Sexualwissenschaftler(inne)n schwer, die Aussage der Widernatürlichkeit der Homosexualität über-

haupt nachzuvollziehen. Um nicht missverstanden zu werden: Aus der Tatsache, dass die menschliche Sexualität und Geschlechtlichkeit von Natur aus diverser ist als in der Vergangenheit angenommen, folgt nicht die ethische Unbedenklichkeit eines jeden ausgelebten sexuellen Begehrens. Ganz und gar nicht. Aber die Wahrnehmung natürlicher Variabilität rückt das Urteil des Widernatürlichen in ein anderes Licht. Und sie fordert dazu auf, nach den *moralischen* Maßstäben unseres Handelns zu fragen, die die Natur als solche uns eben nicht zur Verfügung stellt.

7.4 Nicht von dieser Welt?

Die Moderne hat hinsichtlich des Umgangs mit Homosexualität eine dreifache Umkehr vollzogen: Homosexualität gilt heute – wenigstens in den Gesellschaften, die bereit sind, „sich von den Wissenschaften vorbehaltlos aufklären [zu] lassen"[13] und sich demokratischen Prinzipien verpflichtet fühlen – nicht länger als eine zu heilende psychische Krankheit (*Entpathologisierung*), nicht länger als ein zu bestrafendes Verbrechen (*Entkriminalisierung*) und nicht länger als das ganz Andere „normaler" Sexualität und Identität (*Entdramatisierung*). Von den drei großen sozialen Normierungsinstanzen, dem Recht, der Religion und der Medizin, hinkt die Religion hinterher, was die Überwindung von Vorurteilen und die Anerkennung der Emanzipationsprozesse sexueller Minderheiten betrifft. Nie war sie Vorreiter, wenn es um Entpathologisierung, Entkriminalisierung und Entdramatisierung ging. Auch im Katholizismus sind die Beharrungskräfte weiterhin sehr stark. Jede gesellschaftspolitische Initiative der letzten Jahrzehnte, gleichgeschlechtlichen Partnerschaften ein bestimmtes Maß an rechtlicher Anerkennung zu geben, traf auf römischen Widerspruch. Gewonnen hat man diesen selbst inszenierten Kulturkampf um die sogenannten traditionellen Werte (moralische Vorrangstellung der heterosexuellen Ehe; naturgegebene Asymmetrie zwischen den Geschlechtern; Zurückweisung von Autonomieansprüchen) selten.[14] Nur weil man eine historisch lange prägende Tradition fortsetzt, die ihre Überzeugungskraft anderen als den gegenwärtigen Verhältnissen verdankt, steht man noch nicht auf der Seite des Evangeliums.

Die alte Gesellschaft vor 1800 – um hier grob eine Zäsur zu benennen – war organisiert entlang von Unterschieden *qua Geburt*. Dies betraf die sozialen Stände und das Geschlechterverhältnis. Die soziale Ordnung galt in weiten Teilen als vorgegeben, von der Natur und ihrem Schöpfer. Im Plan der göttlichen Ordnung hatten die Einzeldinge und Geschöpfe (im Himmel wie auf Erden) ihren vorgesehenen Ort im hierarchisch und zweckmäßig strukturierten Weltgefüge. Diejenigen zum Beispiel, „die durch Verstand hervorragen, sind von Natur aus (*naturaliter*) Herren; diejenigen aber, denen es an Verstand mangelt, die jedoch körperlich kräftig sind, scheinen von Natur aus (*a natura*) zum Dienen bestimmt zu sein; so sagt es Aristoteles (…).“[15] Alles gemäß dem Wort des Apostels: *Was von Gott stammt, ist geordnet* (vgl. Röm 13,1–2).

In der modernen Gesellschaft hingegen ist das prägende Prinzip der sozialen Ordnung die Differenzierung entlang von spezifischen Funktionen (funktionale anstelle von ständischer Differenzierung). Die einzelnen Bereiche der Gesellschaft folgen dabei einem je spezifischen Code: In der Politik geht es um Macht/Opposition; in der Wirtschaft um Zahlungen/Nicht-Zahlungen; im Rechtssystem um Recht/Unrecht; in der Wissenschaft um Wahrheit/Unwahrheit usw. Zugang zu diesen unterschiedlichen Systemen haben dabei grundsätzlich alle (erwachsenen) Mitglieder der Gesellschaft, d. h. jede und jeder darf wählen, bezahlen, vor Gericht ziehen, Wahrheitsansprüche prüfen usw. Dies erzeugt einen Sog in Richtung Symmetrie zwischen den Geschlechtern[16], die sich nun tatsächlich als *von Natur aus Freie und Gleiche* erfahren können, wie es in modernen Menschenrechtserklärungen heißt. Auf die sexuelle Orientierung oder die Geschlechtsidentität kommt es also immer weniger an. Weil es im Lebensbereich von Partnerschaft, Ehe und Familie in der Moderne nicht zuletzt um einen Raum der sozialen Anerkennung von Individualität (jenseits der sonstigen Rollenerwartungen) geht, leuchtet ein, warum sich Menschen nicht nur nach diesem Raum sehnen, sondern auch überzeugt sind, die sexuelle Orientierung dürfe dabei kein Zulassungskriterium mehr sein.

Religiöse Überlieferungen stehen vor der Aufgabe, sich zu den normativen Vorstellungen der Moderne zu verhalten; dazu, dass das verbindliche Wissen über die menschliche Sexualität und Geschlechtlichkeit nicht durch die Lektüre Heiliger Schriften gewonnen wird, dass die Religion kein „Monopol an Weltwissen"[17] mehr besitzt; dazu, dass es zu einem Wandel von Wertvorstellungen gekommen ist, deren Verbindlichkeit sich aus einem starken Freiheits- und Gleichheitsdenken speist. Verweigert man sich diesen Entwicklungen aus Anhänglichkeit an die Privilegien der Vergangenheit – Privilegien der Deutung von Wirklichkeit und der Definition von sozialer Ordnung –, verwundert es nicht, wenn einem mit Dietrich Bonhoeffer vorgehalten wird: „Im Hinterweltlertum lässt es sich prächtig leben. Man springt immer dort, wo das Leben peinlich und zudringlich zu werden beginnt, mit kühnem Abstoß in die Luft und schwingt sich erleichtert und unbekümmert in sogenannte ewige Gefilde. Man überspringt die Gegenwart, man verachtet die Erde, man ist besser als sie

(…).“[18] Die biblische Dialektik des *in der Welt sein*, aber nicht *von der Welt* (vgl. Joh 8,23 und 17,11–16) kommt unter die Räder, wenn sie zur Abwehrformel gegenüber Fortschritten an Erkenntnis und Humanität wird. Die Leidtragenden sind die Menschen, denen aufgrund religiöser Engstirnigkeit Lebensmöglichkeiten geraubt werden – dies gilt für den Umgang mit Viruserkrankungen nicht weniger als für den Umgang mit sexueller Vielfalt. Eine katholische Epidemiologie ist so wenig sinnvoll wie eine katholische Sexualwissenschaft. Es gilt sich an den Optimismus katholischer Theologie zu erinnern: „Wer in demütiger und beständiger Gesinnung die Geheimnisse der Dinge zu erforschen versucht, wird, auch wenn er sich dessen nicht bewusst ist, gleichsam an der Hand Gottes geführt, der, indem er alle Dinge erhält, macht, dass sie das sind, was sie sind.“[19]

Teil III:
Neue Fundierungen

8. Menschenwürdige Sexualität

Würde ist eine Frage des Ansehens. Indem wir Lebewesen oder Lebensvollzügen Würde zusprechen, drücken wir unsere Wertschätzung aus. Würde ist also eine Eigenschaft der moralischen Welt. Wer jemanden oder etwas mit dem Titel der Würde auszeichnet, der will einen Unterschied markieren, der verleiht jemandem oder etwas einen besonderen Rang.

8.1 Grundlegung und Aspekte von Menschenwürde

Der römische Begriff der *dignitas* bezieht sich im Ursprung auf das hohe Ansehen bestimmter sozialer Positionen. Die Würde eines Amtes, sei es weltlich oder religiös, strahlt auf den Amtsträger aus und stellt Erwartungen an dessen Handeln und Auftreten. Ebenfalls bereits in der Antike wird der Würdetitel dann bei Cicero auf den Menschen an sich ausgedehnt. Würde wird zur Wesensbestimmung des Menschen, das heißt, weil der Mensch als Mensch bestimmte Eigenschaften und Fähigkeiten besitzt, ist er ein besonders schätzenswertes Lebewesen. Die Götter, schreibt Cicero, haben den Menschen „außerordentliche Geschenke" gemacht: Sie haben die Menschen „vom Erdboden erhoben und mit einer hohen und aufrechten Statur ausgestattet, damit sie durch die Betrachtung des Himmels zur Erkenntnis der Götter gelangen könnten."[1] Mit diesem Sein des Menschen verbindet sich ein Sollen: Die Würde, die ich habe, soll mein Handeln bestimmen. Würde ist Vorgabe und Anspruch zugleich. Daher können wir sagen, Menschen sollen sich menschlich verhalten – so, wie es ihrer und der Würde eines jeden anderen entspricht. Die Vernunft und die Freiheit spielen dabei eine entscheidende Rolle, insofern man darin die Besonderheit des Menschen im Raum des Lebendigen erblickt und achtet.

Biblische Vorstellungen können an dieses antike Würdeverständnis gut anschließen und es vertiefen, allem voran die Schöpfung und Gestaltung des Menschen zum Ebenbild Gottes. Der biblische Gott sieht den Menschen als sein Ebenbild an und verleiht ihm damit höchste Würde. Zwar gibt es zunächst noch keine eigenen christlichen Schriften über die Menschenwürde, auch der Begriff taucht nicht auf, aber an der ehrwürdigen Stellung des Menschen in Gottes Schöpfung wird kein Zweifel gehegt.[2] Ganz im antiken Sinne gebührt dabei der geistigen Wirklichkeit, dem freien Willen, der Vorrang. Das Eigentliche des Menschen wird in seiner Geistseele gesehen. Diese begründet die spezifische Gottesbeziehung des Menschen (jedes Menschen!). Der Blick auf den Leib ist freilich ambivalent. Gegenüber mächtigen platonisch-neuplatonischen Strömungen bleibt das „Loblied auf das Fleisch"[3], das sich auf den Inkarnations- und den Auferstehungsglauben beziehen konnte, oft ungehört.

Gegenstand langer Debatten war zudem die Frage, wie es um die Würde des Sünders bestellt ist. Geht die Ebenbildlichkeit durch die Sünde verloren? Wieviel an Würde bleibt übrig, wenn der Mensch sich dem Schlechten hingegeben hat? Einige frühchristliche Theologen vergleichen Sünder mit Tieren – wiederum in antiker Tradition. Auch die Bibel schien so zu denken: „Und als der Mensch in Ehre stand, verstand er nicht, er glich dem unvernünftigen Vieh und war ihm ähnlich" (Ps 48,13^{LXX}). Eine gewisse Klärung erreicht Augustinus, der einflussreichste Denker der Theologiegeschichte. Durch die Sünde wird die Ebenbildlichkeit entstellt, aber nicht vernichtet. Das alles bedeutet für das Würdeverständnis, dass wir es in der christlichen Tradition mit einer doppelten Sichtweise zu tun haben. Die Würde ist auf der einen Seite Bezeichnung für den unverlierbaren und allen gemeinsamen besonderen *Status des Menschen* in der Schöpfung, auf der anderen Seite verlangt diese Würde, von uns durch einen ihr entsprechenden sittlichen *Lebenswandel* geachtet und bewahrt zu werden. Schon die Gottebenbildlichkeit wird in der Theologiegeschichte auf diese zweifache Weise ausgelegt, als ein Bild, das in der Praxis sichtbar werden muss. Das, was man ist, soll man zugleich werden. Bis heute halten die ethischen Diskussionen um das Verhältnis dieser beiden Aspekte (Absolutheit und Kontingenz) von Würde an.[4] Der Doppelaspekt von Würde ist uns vertraut. Wir bestehen mit dem Grundgesetz auf der Unantastbarkeit der menschlichen Würde und diskutieren zugleich über ihre Gefährdungen, wenn wir uns Gedanken machen etwa über ein menschenwürdiges Arbeiten oder Sterben. Gelten beide Aspekte auch für menschliche Liebesbeziehungen? Lässt sich nach einer menschenwürdigen Sexualität fragen?

8.2 Augustinus und die verstörende Sexualität

Der Kirchenvater Augustinus gibt auf die Frage nach der menschenwürdigen Sexualität eine Antwort, die das gespaltene Verhältnis der christlichen Tradition gegenüber der menschlichen Geschlechtlichkeit zum Ausdruck bringt.[5] Die verlockenden Wonnen der sinnlichen Liebe sind Augustinus nicht fremd. Vor seiner Bekehrung und Taufe lebt er seine Sexualität in einem Konkubinat ganz selbstverständlich aus. Seine philosophische Suche nach der wahren Religion führt ihn zum Glauben an Gott als eine geistige Wahrheit, vom Wandelbaren zum Unwandelbaren, vom Zeitlichen zum

Ewigen. Er liest den Apostel Paulus: „Denn wer auf sein eigenes Fleisch sät, wird vom Fleisch Verderben ernten; wer aber auf den Geist sät, wird vom Geist ewiges Leben ernten" (Gal 6,8).[6] Die paulinische Ermahnung an die Römer hat für Augustinus Autorität: „Lasst uns ehrenhaft leben wie am Tag, ohne maßloses Essen und Trinken, ohne Unzucht und Ausschweifungen" (Röm 13,13). Bei Johannes heißt es: „Liebt nicht die Welt und was in der Welt ist! Wer die Welt liebt, in dem ist die Liebe des Vaters nicht. Denn alles, was in der Welt ist, die Begierde des Fleisches, die Begierde der Augen und das Prahlen mit dem Besitz, ist nicht vom Vater, sondern von der Welt" (1 Joh 2,15f.). Erkennen will Augustinus, hier ganz spätantiker Intellektueller, als „geistlicher Mensch" (*homo spiritualis*), zwei geistliche Wirklichkeiten: *Gott und die Seele*. „Weiter nichts? – Gar nichts."[7]

Was aber ist dann mit dem Körper und seinem Begehren? Dem vergänglichen Körper, niedrigeren Ranges als die Seele, darf sich der Mensch nicht hingeben, wenn er sich nicht selbst erniedrigen will. Die Begierden sind zu besiegen, der Genuss des Vergänglichen führt ins Unglück. Sexualität wird zu einem zutiefst verstörenden Problem. Wir haben im Kapitel über die Wahrnehmung der sexuellen Lust schon darauf hingewiesen: Augustinus hadert mit dem menschlichen Begehren, es erscheint unterhalb der Würde des geistlichen Menschen: „Ich bin überzeugt, dass nichts den Geist des Mannes mehr von den Gipfeln abwendet als die Liebkosungen der Frau und jene Berührungen der Körper, ohne die ein Mann eine Frau nicht besitzen kann."[8] Dieser Argwohn gegenüber dem Geschlechtsakt wird die gesamte mittelalterliche Theologie prägen.[9] Die sexuelle Lust wird zu einem Übel (*malum*), sie widerstreitet dem Geistlichen und führt zur Vernachlässigung der Gottesbeziehung. Sexualität und Ehe bleiben letztlich, von Paulus (1 Kor 7,1f. 32–34) und

Augustinus bis Thomas von Aquin, nur ein Zugeständnis zum Wohl der menschlichen Reproduktion. Die Jungfräulichkeit ist der moralisch überlegene Stand. „Deshalb", konstatiert noch am Ende des 20. Jahrhunderts Papst Johannes Paul II., „hat die Kirche im Lauf ihrer Geschichte immer die Erhabenheit dieses Charismas über das der Ehe verteidigt."[10]

Also hat Gott den Menschen doch nicht gut geschaffen? Die Antwort ergibt sich für Augustinus aus dem Drama der göttlichen Heilsgeschichte. Der unüberwindbare Ungehorsam der Begierde, die sich dem Willen nicht fügt, sondern gewissermaßen ein Eigenleben führt, ist die gerechte Sündenstrafe (*poena peccati*) für den Ungehorsam Adams. Am eigenen Leib verspürt der Mensch nun für immer die Gegenwart der Ursünde. Die Sexualität rückt auf die Seite des Erniedrigenden und Menschenunwürdigen. „Direkte Erfahrung der heftigen Freuden des Geistes ließ ihm körperliche Lust schattenhaft, ja abstoßend erscheinen", schreibt der britische Historiker Peter Brown über Augustinus: „Sexuelle Liebe blieb für ihn ein bleiernes Echo wahrer Freude."

Kann unter diesem Vorzeichen die sexuelle Vereinigung jemals moralisch gutgeheißen werden? Augustinus vermeidet den Weg in die strengste Enthaltsamkeit, weil Gott Eva geschaffen hat, damit Kinder hervorgebracht werden können. Das ist der weibliche Dienst. Die Ehe ist als Teil der göttlichen Schöpfung ein Gut, sie ist als freundschaftliche Bindung (*amicitia*) zwischen Mann und Frau sozial wertvoll – und zwar zunächst unabhängig von der Nachkommenschaft. Die berühmten drei Ehegüter, die von Augustinus an bis in die Gegenwart die katholische Morallehre prägen, sind die Nachkommenschaft (*proles*), die wechselseitige Treue (*fides*) von Mann und Frau und der religiöse Geheimnischarakter (*sacramentum*) ihrer Beziehung, der die Ehe zu etwas Unauflöslichem macht. Der sittliche „Gebrauch der Ehe" wird dann durch ihre Zwecke reguliert: die Zeugung von Nachkommen, die immer mehr eine Sonderstellung einnimmt, und die Abhilfe gegen die Begierde (*remedium concupiscentiae*). Die eheliche Bindung an eine andere Person dient der Zügelung der Begierlichkeit, wie man bei Paulus lesen kann (1 Kor 7). In der Ehe ist der Geschlechtsverkehr zu entschuldigen. Zusammenfassend: „Der im Hinblick auf die Zeugung vollzogene eheliche Verkehr ist in jedem Fall frei von Sünde, derjenige, der vollzogen wird, ‚um die Wollust zu befriedigen', stellt eine verzeihliche Verfehlung dar; die Akte, die außerhalb oder gegen die eheliche Bindung verübt werden (Unzucht oder Ehebruch), oder auch diejenigen, die innerhalb der Ehe wider die Natur sind, sind Todsünden."[11] Wird die Sexualität in der Ehe gemäß diesen moralischen Vorgaben gelebt, die die christliche Moral zutiefst geprägt haben, gilt: „Die Würde der Ehe besteht also in der keuschen Zeugung."[12]

Die Eheenzyklika *Casti connubii* von Pius XI. aus dem Jahr 1930 greift diesen Gedanken gleich im ersten Satz auf: „Der reinen Ehe Hoheit und Würde …" In eine andere Richtung geht der Katechismus, indem er nicht auf die Würde des ehelichen Standes, sondern auf die Würde des Menschen und seiner Sexualität direkt abzielt und erklärt, dass die sexuelle Begegnung von Unverheirateten „ein schwerer Verstoß gegen die Würde dieser Menschen und die menschliche Geschlechtlichkeit selbst ist", die hinzuordnen sei, wir kennen dieses Gebot inzwischen, „auf die Zeugung und Erziehung von Kindern."[13]

Im augustinischen Denken ist die menschliche Sexualität *bedingt menschenwürdig*. Die von ihrer Eigenart her die Würde bedrohende Sinnlichkeit körperlichen Begehrens ist nur im Raum der Ehe und in diesem nur im Rahmen des Naturgemäßen moralisch zu billigen. Und dennoch bleibt für

Augustinus ein Makel: Der „eheliche Beischlaf, der in der Zeugungsabsicht vollzogen wird, [ist] selbst keine Sünde (...), wenn in gerechter Weise die Wunde der Sünde in den Dienst der Zeugung gestellt wird."[14] Eine teilweise Loslösung von diesem anthropologischen Pessimismus erfolgt kirchenoffiziell erst im 20. Jahrhundert durch eine kurze Passage des Zweiten Vatikanischen Konzils: Drücken die Eheleute ihre Liebe körperlich aus, dann ist die sexuelle Begegnung von „sittlicher Würde" (*honesti ac digni*).[15]

8.3 Im Gefolge Kants – Würde und Selbstbestimmung

Die jüngere Geschichte lehramtlicher Sexual- und Geschlechterethik steht im Schatten des von Johannes Paul II. entfalteten Verständnisses von der Würde der menschlichen Person. Dabei darf man sich nicht täuschen lassen – diese päpstliche Menschenwürdevorstellung hat ihr spezifisches Gepräge und unterscheidet sich in mancherlei Hinsicht etwa von der Vorstellung, wie sie in der Tradition Immanuel Kants entfaltet worden ist und sich in neueren Verfassungstexten niedergeschlagen hat. Daher sollen beide Konzepte kurz vorgestellt werden.

Kants Begriff der Menschenwürde basiert auf der Autonomie der Person, die deren absoluten, intrinsischen Wert begründet. Zweifellos steht Kant damit in der Tradition einer christlichen Freiheitsphilosophie, wie sie besonders von griechischen Kirchenvätern entwickelt worden ist. Die Universalität von Würde ist auch antikes Erbe. Aber erst Kant erarbeitet entschieden den Gedanken einer freien Selbstgesetzgebung, die der menschlichen Freiheits- und Vernunftnatur gerecht wird. Der Mensch ist demnach dazu bestimmt, sich in seiner Praxis selbst zu bestimmen, sich selbst ein sittliches Gesetz für sein Handeln zu geben und sich aus Einsicht daran zu binden. Den ursprünglich theologischen Gedanken, der uns in der Bibel begegnet – der Mensch begreift sich als das Lebewesen, das von Gott als dessen Ebenbild angesehen und gewürdigt wird –, nimmt bei Kant eine selbstreflexive Gestalt an: Der Mensch, sinnliche und geistige Natur in einem, sieht sich selbst als freies, selbstbestimmtes Wesen an, das ihm Achtung abverlangt. „So können wir auch von der Achtung für Personen sagen, dass wir in ihnen das achten, was uns als die vollendete Forderung des *eigenen* Wesens *gegenüber*tritt."[16] Im Besitz von Würde zu sein, geht also mit Verpflichtungen einher – gegenüber sich selbst und den anderen. In beiden Hinsichten soll es um Freiheit gehen. Das bedeutet zum Beispiel, dass das Subjekt aufgefordert ist, seine Fähigkeit zu kultivieren, sich zu sich selbst in ein kritisches Verhältnis zu setzen und nicht blindlings den eigenen Neigungen und Interessen zu folgen. Im Verhältnis zu den anderen gilt, deren Fähigkeit zu Vernunft und Freiheit zu respektieren, zu unterstützen und zu fördern und von autoritärer Bevormundung abzulassen. Alles, was den anderen und die andere wie eine Sache behandelt, über die nach Belieben verfügt werden kann und der man keine Rechenschaft schuldig ist für das eigene Handeln, all das missachtet die Autonomie-Würde des Menschen. Gerade der letzte Aspekt ist für jede theologische Ethik von großer Relevanz. Moralische Forderungen können gemäß dem Autonomieanspruch nicht länger allein durch den Hinweis auf eine religiöse Autorität – den Willen Gottes, die Heilige Schrift oder die Aussagen kirchlicher Amtsträger – begründet werden. Nicht die religiöse Instanz legt die Moral aus, die Moral legt die religiöse Instanz aus. Nur so bleibt das Moralische authentisch und nicht Ableitungsprodukt von Glaubensüberzeugungen. Und nur so kann überhaupt kritisch nach der Moral von religiösen Geltungsansprüchen gefragt werden.

Dass der Mensch durch sein Handeln den Status seiner eigenen Würde unterbieten kann, hat die christliche Tradition bei ihrem Nachdenken über die Sünde reflektiert. Bei Kant findet sich dieser Gedanke ebenfalls. Wir Menschen verleugneten unsere Würde, wenn wir zum Beispiel „uns dem Trunke ergeben, unnatürliche Sünden begehen, alle Arten von Unmäßigkeit ausüben u. s. w., welches Alles den Menschen weit unter die Thiere erniedrigt."[17] Für Kant sind dies Handlungen, bei denen der Mensch seine innere Freiheit preisgibt. Inhaltlich klingt er hier ganz konventionell. Wirkungsgeschichtlich bedeutsamer ist die Verknüpfung der Idee der Menschenwürde mit den Menschenrechten. Der Zusammenhang wird über den Gedanken hergestellt, dass der Mensch, um sich als Subjekt seines eigenen persönlichen Lebens tatsächlich realisieren zu können, auf Rechte angewiesen ist, die ihm dies in der menschlichen Gesellschaft erst ermöglichen. Noch einmal Kant: *„Das angeborne Recht ist nur ein einziges. Freiheit* (Unabhängigkeit von eines Anderen nöthigender Willkür), sofern sie mit jedes Anderen Freiheit nach einem allgemeinen Gesetz zusammen bestehen kann, ist dieses einzige, ursprüngliche, jedem Menschen kraft seiner Menschheit zustehende Recht."[18] Der moderne Strauß der Freiheitsrechte sichert diese Freiheit in verschiedene Richtungen hin ab – hinsichtlich der religiösen und moralischen Überzeugungen, ihrer ungehinderten Artikulation oder der Gewinnung von Wissen. In weiteren Phasen treten politische Partizipations- und soziale Teilhaberechte hinzu.

Für unser Thema ist diese Entwicklung folgenreich: Da erstens die Menschenwürde einer Person dann geachtet wird, wenn deren Menschenrechte anerkannt, geschützt und gefördert werden; und da zweitens die Sexualität und Geschlechtsidentität zum höchst persönlichen Bereich freier Entfaltung eigenen Subjektseins gehören, wird aus der Forderung, die Menschenwürde zu achten, abgeleitet, dem Menschen ein *Recht auf sexuelle Selbstbestimmung und freie Darstellung der eigenen Geschlechtsidentität* zuzusprechen. Sexuelle Selbstbestimmung hat dabei zwei Aspekte: Es geht um das negative *Abwehrrecht* gegenüber jeglichen der Person aufgezwungenen sexuellen Handlungen, und es geht um ein positives *Anspruchsrecht*, über die Partner, Praktiken und Zeiten der eigenen sexuellen Identität selbst zu bestimmen; und dies unabhängig von der sexuellen Orientierung und Identität. Es gilt daher zum Beispiel als Missachtung der Menschenwürde Homosexueller, ihrer Selbstannahme und Selbstentfaltung, etwa durch Kriminalisierung oder Diskriminierung, die rechtliche Anerkennung zu verweigern.

Schon diese wenigen Hinweise machen deutlich, dass im Kontext eines solchen modernen Menschenwürdeverständnisses die kirchlichen Werturteile über die nicht-eheliche Sexualität, über die Empfängnisverhütung oder die gleichgeschlechtliche Sexualität geradezu implodieren. Bedenkt man zudem, welche Bedeutung der sexuellen Intimität heute für Liebesbeziehungen zukommt und zu welcher Aufwertung körperlich intensiver (Selbst-)Erfahrungen es seit den sechziger Jahren gekommen ist, versteht man das Urteil des Philosophen Ludwig Siep: „Die körperliche Liebe ist primär zu einem Bestandteil partnerschaftlicher Zuneigung und zu einem zweckfreien Genuss geworden – dass darin ein Wert zu sehen ist, bestreiten eigentlich nur noch Misanthropen. Durch die folgenlose Sexualität und die möglich gewordene Familienplanung haben sich der Handlungsspielraum der Frau und das Verhältnis der Geschlechter erheblich verändert."[19] Der Tradition gilt die Sexualität *bedingt menschenwürdig*, der Moderne *bedingt menschenunwürdig*;

nämlich immer dann, wenn sie konträr zur Selbstbestimmung und desinteressiert am Wohl des anderen egoistisch ausgelebt wird, wenn sie mit anderen Worten lieblos ist.

8.4 Zwei Konzeptionen von Menschenwürde

Aber warum sind kirchliche und säkulare sexualethische Positionen dann so weit voneinander entfernt, wenn sich doch beide die Menschenwürde zum Maßstab nehmen? Um diese Diskrepanz zu verstehen, muss man sich die Voraussetzungen klarmachen, unter denen Johannes Paul II. im Rahmen seiner Sexual- und Geschlechterethik auf die Menschenwürde zu sprechen kommt.[20] Für Karol Wojtyła war es schon in den sechziger Jahren erklärte Absicht, die tradierte kirchliche Sexualmoral in ihrem normativen Bestand durch ein neues Fundament zu sichern, in das die grundlegendsten ethischen Kategorien einfließen sollten. Dazu zählte auch die Menschenwürde. Das bedeutet, die Gebote der bestehenden katholischen Morallehre wurden nicht unter dem Vorzeichen der Menschenwürde einer kritischen Revision unterzogen, sondern als gültig vorausgesetzt. Die Menschenwürdevorstellung wird damit so konstruiert, dass sie den ihr zugewiesenen Zweck der Legitimierung der Lehre erfüllen kann. Von daher überrascht es nicht, dass von Johannes Paul II. Menschenwürde nicht auf der Traditionslinie von Autonomie interpretiert wird – diese wird im Gegenteil ausdrücklich verworfen –, sondern im Sinn einer Person-Würde, für die bestimmte Bilder männlicher wie weiblicher „Wesensnatur" ausschlaggebend sind. Als menschenwürdig gilt eine Ordnung der Sexualität und der Geschlechter, die deren auf Zeugung von Nachkommen hin angelegte körperliche Komplementarität achtet. Die von Johannes Paul II. entwickelte

„Theologie des Leibes" ist letztlich die Theologie heterosexuell begehrender männlicher oder weiblicher Körper, die einem natürlichen Zweck zu gehorchen haben. Die Fähigkeit des Menschen, sich zur eigenen Körperlichkeit reflexiv nach moralischen Prinzipien zu verhalten, anders gesagt, die typisch menschliche Existenzweise, nicht nur Körper zu *sein*, sondern auch einen Körper zu *haben*, die „natürliche Künstlichkeit"[21] (Helmut Plessner) des Menschen, kommt dabei nicht zur Geltung.[22] Stattdessen werden körperlichen Phänomenen kurzschlüssig moralische Botschaften untergeschoben. Die Idee einer sexuellen Selbstbestimmung hat in diesem Denken keinen Platz. Der menschliche Körper ist Träger einer göttlichen Bestimmung, eines göttlichen Plans, den die Kirche den Menschen verbindlich aus- und vorlegt. Der *freie Wille* des Menschen findet im *wahren Wesen* der Person seine Norm. Es obliegt dem kirchlichen Lehramt, verbindliche Aussagen über dieses wahre Wesen von Mann und Frau zu treffen. Externe Instanzen – etwa menschliche Erfahrungen oder anthropologische und humanwissenschaftliche Überlegungen zur Diversität menschlicher Daseins- und Lebensweisen – können dabei vernachlässigt werden. Für Johannes Paul II. legt die Kirche die Moral aus und nicht umgekehrt.

Die „Schlacht um die Würde des Menschen" ist für Karol Wojtyła/Johannes Paul II. im Bereich der Sexual- und Ehemoral zu führen. Jedes „Aufbegehren" gegen die in *Humanae vitae* festgeschriebene Lehre, und sei es aus dem Raum von Theolog(inn)en oder Bischöfen, wird als Widerspruch zum Evangelium schroff zurückgewiesen. In seinen Fastenexerzitien für Paul VI. im Jahre 1976 mahnt der damalige Erzbischof von Krakau: „Die Würde des Menschen, die Würde der menschlichen Person muss verteidigt werden; sie kann aber nicht darin bestehen, dass man von seiner Freiheit hemmungslos Gebrauch macht. (...) Es ist Aufgabe der Kirche, Aufgabe des Heiligen Stuhls und aller Hirten, für den Menschen zu kämpfen – und sei es, was nicht selten ist, gegen den Menschen selbst."[23] Hemmungslos ist für Wojtyła der Gebrauch der Freiheit immer dann, wenn er die Vorgaben der kirchlichen Lehre missachtet.

Halten wir fest: Das eigensinnige Person-Würde-Verständnis von Johannes Paul II. entdeckt menschenunwürdige Sexualität in Praktiken und Beziehungen, die nach dem Autonomie-Würde-Verständnis der kantischen Tradition als solche unproblematisch sind, weil es dieser zufolge vielmehr auf weitere Handlungsumstände ankommt, vor allem auf Freiwilligkeit, wechselseitige Rücksichtnahme und Verantwortung. Das Autonomie-Würde-Verständnis ist im Unterschied zum dargestellten päpstlichen Person-Würde-Verständnis besser in der Lage, das negative Urteil, das wir heute über Praktiken fällen, die wir als manipulativ oder missbräuchlich bezeichnen, zu begründen. Dies wurde im Kontext des Umgangs der katholischen Kirche mit den Fällen von sexuellem Missbrauch deutlich[24], da sich die traditionelle Position allzu oft als unwillig erweist, das Rechtsgut der sexuellen Selbstbestimmung, das beim Missbrauch so eklatant verletzt wird, ausdrücklich anzuerkennen.

9. Wozu verpflichtet Liebe?

Wir haben den historischen Wandel von der Ehe als Legitimation der Liebe hin zur Liebe als Legitimation der Ehe mitverfolgt. Es gilt nun zu überlegen, welche moralische Verpflichtung aus der Liebe erwachsen kann. Dabei sollen zwei Fragen leitend sein, die eng miteinander verknüpft sind. Erstens: Bringt Liebe überhaupt Verbindlichkeit mit sich, gibt es eine Verpflichtung oder Selbstverpflichtung, die ihr unabweisbar zukommt, und gilt dies auch für die sinnliche Liebe bzw. für das sexuelle Begehren? Zweitens: Wie ist das Verhältnis zwischen Liebe und gegenseitiger Achtung zu bestimmen? Fällt die Liebe, wenn sich aus ihr selbst eine Verbindlichkeit ergibt, mit dem, was wir Achtung nennen, zusammen?

Man könnte versucht sein, den Begriff der Liebe einfach mit denjenigen Eigenschaften auszustatten, die wir gewöhnlich mit ihm verbinden: *Wohlwollen* und *Wohltun*. Weil jeder Begriff einen Unterschied in die Wirklichkeit einträgt, müssen wir Kriterien für seine Verwendung aufbringen. Es muss daher begründet werden können, auf welche Phänomene der Begriff der Liebe sich beziehen soll. Sonst erschiene die Verwendung dieses Begriffs willkürlich. Wir können uns, um dem Willkürverdacht zu begegnen, auf einen eingeführten Sprachgebrauch, also auf einen Vorbegriff von Liebe, stützen. Doch gilt es auch hier, begriffliche Unschärfen, wo möglich, zu bereinigen oder doch zumindest zu benennen, und dafür benötigen wir wiederum geeignete Kriterien. Bezieht man den Begriff des Wohlwollens auf das Subjekt und den Begriff des Wohltuns auf das Objekt der Liebe, dann mag es Formen der Liebe geben, in denen das Wohlwollen nicht zu Wohltun führt oder das Wohltun nicht auf Wohlwollen gründet, wobei jeder Akteur nicht nur mit anderen Akteuren, sondern auch mit sich selbst zu tun hat und klären muss, was ihnen bzw. ihm wirklich und nicht nur scheinbar gut tut. Deshalb ist einerseits zu klären, was wir jeweils meinen, wenn wir von Liebe sprechen, und andererseits, ob die Ausdrucksformen, die wir mit dem Begriff der Liebe benennen, ethisch gerechtfertigt werden können. Nun könnte man einwenden, es nehme sich seltsam aus, für die Liebe Kriterien zu erheben, die sie als moralisch gerechtfertigt ausweisen sollen. Warum sollen wir annehmen, Liebe könne auch unmoralisch sein? Wenn wir allerdings nicht einfach voraussetzen wollen, was eigens zu zeigen ist, etwa wie sich verschiedene Ausdrucksformen dessen, was wir Liebe nennen, beispielsweise Selbst- und Nächstenliebe, zueinander verhalten, ob es sich bei ihnen um moralische oder unmoralische Erscheinungsformen handelt und wie ihre Moralität gesichert werden kann, müssen wir auch im Fall der Liebe Kriterien finden.

In den folgenden Abschnitten sollen folgende Thesen vertreten werden: (1) Das ethisch vielfach diskreditierte Begehren selbst verweist schon auf eine Struktur gegenseitiger Anerkennung oder Achtung. Ein Begehren, das erwidert werden will und sich dabei der Struktur gegenseitiger Anerkennung bzw. Achtung verpflichtet weiß, nennen wir Liebe. Dies gilt auch für den Zusammenhang von sexuellem Begehren und sinnlicher Liebe. (2) Liebende sehen sich deshalb gehalten, einander nie nur als Mittel, sondern immer auch als Zweck an sich selbst zu betrachten und zu behandeln. Aus dieser Perspektive erscheint es nicht statthaft, von einer sexuellen Beziehung die Erzeugung von Nachkommen zu fordern. Dies käme einer unzulässigen Verzweckung einer Partnerschaft gleich. (3) Mit der Forderung gegenseitiger Anerkennung bzw. Achtung verbunden ist, dass die sinnliche Liebe der geliebten Person als Ganzer und nicht nur einzelnen Merkmalen, die an ihr geschätzt werden, etwa ihrer sexuellen Attraktivität, verpflichtet ist; zudem handelt es sich dabei um eine Bindung, die den Augenblick auf eine unbestimmte Dauer hin überschreitet. (4) Konsequent kann die ausschließliche und treue Liebe zweier Menschen selbst schon Ehe genannt werden.

9.1 Begehren und Verbindlichkeit

Nennen wir „Liebe" eine Einstellung zu etwas, was für uns begehrenswert ist. Bestimmen wir weiter, dass wir etwas nicht lieben, weil es einen erkennbaren Wert an sich hat; vielmehr gewinnt etwas Wert für uns, weil wir es lieben.[1] Und gehen wir von daher dem Verhältnis von Begehren und Liebe nach. Wenn wir beim *Begehren* ansetzen und überlegen, ob mit ihm eine Verpflichtung verknüpft ist, führt ein Gedanke Hegels weiter. Ein Bewusstsein, so beginnt seine Analyse, nimmt sich selbst in der Begierde wahr, das heißt im Bezug zur Wirklichkeit mit dem Ziel, Bedürfnisse des Leibes zu befriedigen. Es ist ihm also nicht möglich, sich unvermittelt auf sich selbst zu beziehen. Das Selbstbewusstsein bedarf jedoch, um Selbstbewusstsein zu sein, eines Bezugsgegenstands, der einerseits ebenfalls ein Selbstbewusstsein sein und andererseits bei dieser Bezugnahme autonom bleiben muss.[2] Das Selbstbewusstsein bedarf mithin, um Selbstbewusstsein zu sein, eines Selbstbewusstseins, das als Selbstbewusstsein nicht nur erkannt, sondern auch anerkannt ist.

Der Begriff der Anerkennung besagt, dass wir „etwas" als „jemand" bezeichnen und behandeln, nämlich genau dann, wenn etwas jemand ist, der einen selbst als jemand betrachtet und behandelt. „Es bedeutet, von jenen anerkannt zu werden, die man selbst anerkennt."[3] Somit ist ein Selbst als normative Struktur beschrieben, die durch gegenseitige Anerkennung geschaffen wird: Niemand kann für sich selbst ein Selbst sein. Es liegt zwar in meiner Macht, wen ich anerkenne und wen ich nicht anerkenne. Es liegt aber nicht in meiner Hand, ob das Individuum, das ich anerkenne, auch mich anerkennt. Ein Selbst zu sein setzt voraus, von anderen Selbsten, die man anerkennt, gleichfalls anerkannt zu werden. Folgt man also der Analyse Hegels, so verweist das Begehren selbst auf eine Struktur der Anerkennung in der Weise gegenseitiger Verpflichtung oder genauer: Selbstverpflichtung. Kant, von dem Hegel lernt, kleidet diese Struktur der Anerkennung in die Form gegenseitiger Achtung, die besagt, der andere dürfe nie nur als Mittel, er müsse immer zugleich als Zweck an sich selbst betrachtet und behandelt werden.[4]

Bezeichnen wir den Gegenstand gegenseitiger Achtung als Person. Sofern nun das Begehren „etwas", das „jemand" ist, eben eine Person, zum Gegenstand hat, muss diese Form der Achtung für die begehrende Person zur Regel werden. Man könnte ein Begehren, das sich diesen allseitig anerkannten Bedingungen der Achtung unterwirft, auch als *Bedürfnis* bezeichnen. Ein Bedürfnis ist, wenn man so will, ein legitimes Begehren.[5] Eine Verpflichtung, ein Begehren zu erwidern, lässt sich nicht, eine Verpflichtung, eine Person als Person anzuerkennen, nur reziprok begründen, so könnte man bilanzieren. Damit können wir systematisch einholen, was wir historisch nachvollzogen haben, nämlich die Freiheit und Gleichheit der Liebe. Und wir können jetzt den Zusammenhang von Begehren und Liebe auf eine einfache Formel bringen.

9.2 Gibt es Zwecke der Liebe?

Ein Begehren, das auf Erwiderung sinnt und dabei die Strukturen gegenseitiger Achtung anerkennt, nennen wir Liebe. Weil der Liebe – zumindest in aller Regel – ein Bedürfnis und somit ein Begehren zugeschrieben werden kann, darf eine Person immer auch als Mittel behandelt werden, um nämlich dieses Bedürfnis und darin das ihm zugrundeliegende Begehren zu wecken und zu stillen, solange sie zugleich jederzeit als Zweck an sich selbst behandelt wird. Auch die so genannte *freundschaftliche* Liebe geht – wie jede Form von Kooperation, die wir unter den Begriff der Liebe subsumieren können – in aller Regel mit einem Bedürfnis einher, das auf ein Begehren verweist. Davon wird traditionell die *begehrende* Liebe unterschieden. Wir sprechen auch von sexuellem Begehren, das, sofern es erwidert werden will und sich im Rahmen gegenseitiger Achtung bewegt, als sinnliche Liebe bezeichnet werden kann. Allgemein soll gelten: Begehren und Liebe sind unter den Bedingungen gegenseitiger Anerkennung bzw. Achtung identisch.

Bringt jedoch die sinnliche Liebe wirklich eine Verpflichtung bzw. Selbstverpflichtung hervor? Gehen wir noch einmal zum sexuellen Begehren zurück. Man könnte ja einwenden, das sexuelle Begehren sei genau dieses Begehren gerade in seiner Begrenzung: Begehrenswert mag nur ein bestimmtes, sexuell attraktives Merkmal einer Person und auch nur für eine bestimmte Zeitspanne sein. Damit wird der Verdacht genährt, ein solches Begehren sei dazu angetan, eine Person zu verzwecken, ohne sie zugleich als Zweck an sich selbst zu betrachten und zu behandeln. Das könnte Anlass dazu geben, sexuelles Begehren und sinnliche Liebe wieder zu trennen, nämlich mit dem Hinweis, es sei nicht schon das Begehren selbst, sondern erst die Liebe, die die geforderten

Achtungsbedingungen mitbringe. Damit wird jedoch wieder vorausgesetzt, was erst zu zeigen ist.

Setzen wir deshalb noch einmal an: Wird die Beschränkung des sexuellen Begehrens auf einige attraktive Merkmale bzw. auf eine begrenzte Zeitdauer kritisiert, muss ihm Schrankenlosigkeit empfohlen werden. Damit bringt man sich in einen Gegensatz zur traditionellen Behandlung des sexuellen Begehrens, dem man die Tendenz zur Maßlosigkeit attestierte, wobei man davon ausging, es sei Aufgabe der Vernunft, einer solchen Schrankenlosigkeit zu wehren. Tatsächlich war das sexuelle Begehren innerhalb dieser Logik, die wir bereits kennengelernt haben, Mittel für einen gesellschaftlichen Zweck, nämlich der Hervorbringung legitimer Nachkommen. Insofern galt es, das Begehren vernünftig zu beschränken. Wo sich das Begehren der Artikulation vernünftiger Zwecke gegenüber unempfindlich zeigte, wurde der Vorwurf des Hedonismus laut: Wer nicht asozial erscheinen will, soll Maß halten. Die traditionelle Vorstellung von der maßvollen Begrenzung des sexuellen Begehrens durch die Vernunft kommt jedoch ins Wanken, wenn man gerade seiner Selbstbeschränkung ein hedonistisches Motiv unterlegt. Zugleich muss die Absicht der Verzweckung des Partners abermals zur Debatte gestellt werden. Hatte man traditionell zu begründen versucht, warum sich sexuelles Begehren maßvoll zu geben und welchem Zweck es zu dienen habe, so müsste in einem zeitgenössischen Zugang Anlass zur Empfehlung von Maßlosigkeit bzw. Zwecklosigkeit gegeben sein. Wenden wir uns zunächst dem Aspekt der Absichtslosigkeit oder Selbstzweckhaftigkeit zu.

Prüfen wir dazu die Behauptung, jedes sexuelle Begehren richte sich auf eine andere Person allein als Mittel zum Zweck der Bedürfnisbefriedigung, ähnlich wie auf Essen und Trinken, wenn wir Hunger oder Durst haben. Bestreiten lässt sich diese Behauptung mit dem Hinweis, es gebe zwar eine Form sexuellen Begehrens, auf die das zutrifft, es gebe aber auch eine Form, die die andere Person zugleich als Zweck an sich selbst behandle. Die Frage ist, worin sich die beiden Formen unterscheiden. Man könnte die Antwort versuchen, das sexuelle Begehren achte einen Menschen dann, wenn es sich auf die Person, also einen Menschen in seiner Ganzheit beziehe. Dann drängt sich allerdings wiederum die Rückfrage auf: Nennt man nicht jene Form des Begehrens, die den anderen als Person, das heißt als Zweck an sich selbst ansieht, Liebe? Man könnte nun der Liebe attestieren, sie werde durch eine Person erst erzeugt, während das Begehren schon vor der Konfrontation mit dem Gegenstand, der ihm Befriedigung verheißen kann (und also Mittel für diesen Zweck ist), existiere.[6] Dabei unterscheiden sich geliebte Personen von geliebten (oder besser: begehrten) Sachen dadurch, dass der Liebende den Bedürfnissen der geliebten Person Bedeutung beimisst und sich um die Erfüllung dieser Bedürfnisse sorgt, auch weil er wiedergeliebt werden will, während „Bedürfnisse" einer Sache denkbar sind, ohne dass wir ihrer Erfüllung selbst einen Wert beimessen würden – es sei denn, eine Sache wird durch uns personalisiert oder die Erfüllung ihrer Bedürfnisse ist Mittel zur Erfüllung unserer Bedürfnisse.

Die von Ronald de Sousa eingeführte Differenz von *konsumatorischem* und *ludischem* Begehren soll weiterhelfen.[7] Er setzt das Ziel des konsumatorischen Begehrens

(Hunger, Durst, Sexualität) mit seinem Ende gleich. Das ludische Begehren hingegen, für welches das Spiel exemplarisch steht, ist ein Begehren nach unbestimmter Dauer. Nun soll menschliche Sexualität – mehr als die Befriedigung von Hunger und Durst – nicht nur als konsumatorisches, sondern auch und sogar vorwiegend als ludisches Begehren aufgefasst werden.

Nennen wir die zweckgerichtete Einstellung konsumatorisch und die selbstzweckliche ludisch. Wo sexuelles Begehren mit Sinnenfreude, mit Betrachten und Berühren zu tun hat und sich eben nicht als ein rein biologischer Vollzug artikuliert, hat es mehr mit einer spielerischen als mit einer gebrauchenden Aktivität gemein. Der Mensch besitzt jedenfalls die Fähigkeit, sein sexuelles Begehren und seine sexuelle Aktivität als Spiel zu erleben und damit sein Gegenüber als Zweck an sich selbst zu behandeln, selbst wenn diese Aktivität im Sinn eines biologischen Zwecks, etwa zur Erzeugung von Nachkommen, vollzogen wird. Allerdings kann die sexuelle Aktivität auch rein als Mittel für ein Ziel, das außerhalb ihrer selbst liegt, verwendet werden, wofür die Hervorbringung von Nachkommen wiederum exemplarisch steht. In diesem Fall wird die sexuelle Aktivität auf ein konsumatorisches Begehren reduziert. Selbst wenn eine solche Verzweckung der Sexualität (mit dem Ziel der individuellen oder sozialen Reproduktion) im Mantel der Moral auftreten mag und lange Zeit auch lebensweltlich plausibel aufgetreten ist, wird, was ein wertvolles Spiel sein kann, weil es um seiner selbst willen unternommen wird, faktisch als eine Tätigkeit behandelt, die nützlich ist. Unproblematisch mochte dies sein, solange das Nützliche um des Überlebens willen gefordert war. Hier bedurfte es freilich keiner Moral, die ein entsprechendes Verhalten einschärfte. Wo hingegen solche Belange zurücktreten, wird immer da, wo die Erzeugung von

Nachkommen als intentionales Resultat sexueller Akte gefordert wird, eine in moralischer Hinsicht unzulässig verzweckende Perspektive eingenommen – zumindest wenn die Liebe als Grund der Ehe gilt.

Folgt man dieser normativen Sichtweise, ist es plausibel zu fordern, dass jede sexuelle Aktivität immer auch ludisch, nie nur konsumatorisch realisiert werden soll, und zu bestimmen, dass ihr konsumatorischer Charakter, anders als ihr ludischer, nicht gefordert werden kann. Der ludische Charakter darf ohne den konsumatorischen, der konsumatorische hingegen nicht ohne den ludischen sein. Zudem erscheint es unter dieser Perspektive nicht statthaft, von einer sexuellen Beziehung insgesamt, also auf Dauer, die Erzeugung von Nachkommen zu fordern, was einer unzulässigen Verzweckung der ausschließlich ludisch gelebten und ethisch rechtfertigbaren Sexualität gleichkäme. Wird also die Ehe als normatives Derivat der Liebe behandelt, liegt es allein in der Entscheidung der Liebenden, ob aus einer Partnerschaft Nachkommen hervorgehen sollen oder nicht. Eine Liebe, die (gewollt oder ungewollt) ohne Nachkommen bleibt, weist keinerlei Defekt auf. Sie moralisch zu diskreditieren, erschiene wie ein Vergehen an der Liebe selbst. Umgekehrt ist eine Verbindung, der Nachkommen entspringen, einer Verbindung, die (gewollt oder ungewollt) kinderlos bleibt, moralisch nicht überlegen. Es ist absurd anzunehmen, zwei Menschen, die sich lieben, liebten sich weniger, wenn sie keine Kinder zeugen wollen, als zwei Menschen, die dies tun.

Kant scheint das rein sexuelle Begehren als Ausdruck einer selbsthaften Liebe zu werten, die das Attribut „moralisch" nicht in Anspruch nehmen kann, weil sie den anderen verzwecke. Der andere wird im Fall der sexuellen Begierde nicht als Zweck an sich selbst geachtet, sondern als Mittel zur Befriedigung der eigenen Bedürfnisse behandelt. Als

Zweck an sich selbst würde der andere angesehen werden, wenn seine Autonomie und damit die Bestimmung seines Handelns nach eigenen, nicht nach fremden Maßstäben respektiert werden würde. Eine solche Haltung der Verzweckung muss keineswegs asymmetrisch, sie kann auch symmetrisch darin realisiert sein, dass zwei Personen einander zugestehen, sich gegenseitig allein als Mittel zum Zweck zu betrachten und zu behandeln. Sie wären dabei nicht zwangsläufig unempfindlich gegenüber den Bedürfnissen des anderen noch gegenüber ihren eigenen Bedürfnissen, sie würden den anderen und sich selbst nur nicht als Zweck an sich selbst betrachten und behandeln. Eine solche verzweckende Einstellung kann eine Spielart des sexuellen Begehrens sein, sie muss es allerdings nicht sein, und sie ist moralisch nicht legitimierbar. Doch vertritt Kant diese Haltung wirklich?

Der Vorwurf des Hedonismus

Wenden wir uns dazu dem Aspekt der Maßlosigkeit zu, und prüfen wir den Vorwurf, die zwecklose sinnliche Liebe sei hedonistisch, entziehe sie sich doch um der Lust willen gesellschaftlichen Erfordernissen – sie sei somit asozial. Zu klären ist hier zunächst, ob das sexuelle Begehren der selbstlosen oder der selbsthaften Liebe zugeschlagen werden soll. In der traditionellen Normativität sollte der Mensch den Zweck seiner geschlechtlichen Natur, nämlich die Erzeugung (legitimer) Nachkommen, zum Ziel seines Handelns bestimmen. Die Kehrseite dieser Norm besagte, dass sexuelle Lust nicht um ihrer selbst willen angestrebt werden darf. Es galt, jede nichtgenerativ wirkende Begehrlichkeit zu verhindern. Für Kant existieren keine Naturzwecke, durch die das Handeln des Menschen normiert wäre. Entsprechend ist für ihn auch die menschliche Sexualität entfinalisiert. Verzwecken sich jedoch, so könnte man einwenden, nicht gerade deshalb Partner gegenseitig und würdigen sich zum bloßen Mittel herab, wenn sie der Lust wegen miteinander geschlechtlich verkehren? Auch eine gegenseitig vereinbarte Verzweckung wäre in diesem Fall abzulehnen, denn der kategorische Imperativ verbietet nicht nur, eine andere Person, sondern auch sich selbst zum bloßen Mittel für einen Zweck (es wäre hier die Lustempfindung ohne generatives Ziel) zu degradieren. Was ist auf diesen Einwand zu erwidern?

Zunächst beziehen sich sinnliche Neigungen allgemein auf Gegenstände mit dem Ziel, das eigene Begehren zu befriedigen. Damit wird das Objekt meines Begehrens wie eine Sache behandelt. Würde ich also einen Menschen ausschließlich der eigenen Luststeigerung wegen gebrauchen, würde ich ihn zu einer Sache degradieren und ihn seiner Würde berauben. Er wäre für mich, zumindest in dieser Hinsicht, kein Subjekt. Das sexuelle Begehren richtet sich dann lediglich auf den Körper bzw. auf sexuell attraktive Merkmale einer Person, nicht auf die Person selbst. Insofern liegt der Verdacht nahe, eine Person werde im geschlechtlichen Verkehr rein als Sache gebraucht bzw. lasse sich auch dafür gebrauchen. Kant löst dieses Problem, indem er in der wechselseitigen Erwerbung der Partner die Voraussetzung dafür sieht, von einer Person Gebrauch zu machen, ohne ihre Würde zu verletzen. Nun muss geklärt werden, wie ein Mensch sich einem anderen Menschen übereignen kann, ohne sein Eigentum zu werden, das heißt ohne sich selbst zu einer Sache herabzuwürdigen oder herabwürdigen zu lassen. Es würde bedeuten, eine Person wie eine Sache gebrauchen zu dürfen, ohne über sie zu verfügen. Der Gebrauch, den Partner in einer Geschlechtsgemeinschaft voneinander machen, ist für Kant der sexuelle Genuss. Hier bedient sich ein Partner des anderen „unmittelbar zu seiner Belustigung", und nicht mittelbar zu einem Zweck, der über die sexuelle Handlung selbst hinausgeht. Im geschlechtlichen Verkehr wird also wechselseitig kein anderer Zweck als der Zweck der Handlung selbst verfolgt. Weil nun das Ziel des Geschlechtsverkehrs die (gegenseitige) „Belustigung" ist, ist der sexuelle Genuss der Handlung inhärent. Die Partner instrumentalisieren sich nicht zum Zweck der Erzeugung von Nachkommenschaft oder zum Zweck der Vermeidung eines unbotmäßigen Gebrauchs der Geschlechtskräfte. Es liegt gerade in der gegenseitigen „Belustigung" keine gegenseitige Verzweckung oder Herabwürdigung vor, die, selbst wenn sie konsensuell zustande käme, aus ethischer Sicht nicht statthaft wäre.[8]

Mit der Beförderung des Wohls eines anderen Menschen, die Kant mit dem Begriff der Belustigung verbindet, ist schon eine wichtige Einschränkung getroffen, die keineswegs selbstverständlich ist: Liebe will nicht unbedingt das Wohl des geliebten Menschen (oder zumindest nicht ausschließlich sein Wohl). Die Liebe zu einem Menschen kann rein egoistisch motiviert sein, wobei auch in diesem Fall nicht auszuschließen ist, dass von einer solchermaßen motivierten Handlung altruistische Effekte ausgehen. Und selbst wenn es darum geht, eine andere Person sexuell zu erfreuen, womit dem Begehren ja der Vorwurf des Egoismus genommen wird, bleibt die Frage bestehen, ob die Art und Weise, in der wir anderen Menschen Gutes tun wollen, dem entspricht, was diese Menschen selbst als gut ansehen. Durch den Hinweis auf den kategorischen Imperativ kann die Behauptung, sexuelles Begehren sei an sich unmoralisch, leicht zurückgewiesen werden. Denn der kategorische Imperativ ist ja ein Instrument, das dazu angetan ist, die Moralität eines Begehrens allererst zu prüfen. Insofern kann auch für das sexuelle Begehren und seine Aktualisierung nicht von vornherein feststehen, ob es (an sich selbst) als moralisch oder als unmoralisch anzusehen ist.

Entscheidend dafür, dieses Begehren und seine Ausübung als moralisch zu bewerten, ist die freiwillige Selbstbindung der liebenden Akteure, in der ihre gegenseitige Achtung zum Ausdruck kommt.[9] Selbst wenn die Liebe nicht den überlegenen Standpunkt der Vernunft einnehmen will, kann sie sich doch (gerade um ihrer selbst willen) dem beurteilenden Blick der Vernunft aussetzen wollen, es mithin als vernünftig ansehen, sich mit einem solchen Urteil konfrontieren zu lassen. Wenn Kant die Ehe als Garantin dafür empfiehlt, sexuelles Begehren als Ausdruck der gegenseitigen Achtung der Partner und somit der Liebe des Begehrens selbst zu ermöglichen, nimmt er jenes Verständnis auf, in der Ehe werde die Liebe zur gegenseitig anerkannten Regel, also zu einem objektiven oder intersubjektiv anerkannten Grund, der den subjektiven Grund des sexuellen Begehrens als moralisch erscheinen lassen könne. Der Rechtfertigbarkeit des sexuellen Begehrens wird in dieser Hinsicht dadurch Rechnung getragen, dass man sich dem Partner, an den man sich bindet, übereignet. Eine solche Selbstenteignung als Selbstbindung, die den humanen Status sexuellen Begehrens begründen kann, ist in Kants Verständnis Ausdruck reinster Freiheit.

Die Ehe ist dann jene Bindung, in der sich sinnliche Liebe ungebunden realisieren darf. Die Partner übereignen gegenseitig sich selbst, sie übereignen nicht ihren Körper, weil sie auch als Zweck an sich und nicht nur als Mittel behandelt, eben in ihrer Einheit und Ganzheit geachtet werden wollen, was auch einer gegenseitig zugestandenen, nicht nur einer einseitig vorgenommenen Verzweckung oder Selbstverzweckung wehrt. Es können somit keine Zwecke der Liebe (ähnlich den traditionellen Zwecken der Ehe) außer dem einen Zweck, nämlich der geliebten Person, existieren. Die Liebe zweier Menschen trägt ihren Zweck in sich selbst, oder besser gesagt darin, dass zwei Menschen sich gegenseitig Glück sind.

Liebe, könnte man sagen, ist der einzige Mangel, der als Reichtum erlebt wird. Angedeutet ist mit diesen wenigen Bemerkungen gleichwohl, dass nicht jedes sexuelle Begehren auch Ausdruck von Liebe (zum Selbst bzw. zum anderen) ist, wenn darin nämlich eine Verzweckung (des Selbst bzw. des anderen) zum Ausdruck kommt, die – anders als in der freundschaftlichen Liebe – in einem Geben ohne Nehmen wie in einem Nehmen ohne Geben bestünde. Zu denken wäre hier an pathologische Formen sexuell basierter Beziehungen.[10]

9.3 Ungeteilte Aufmerksamkeit

Kommen wir auf den Hedonismusvorwurf und die Empfehlung zur Maßlosigkeit gegenüber sexuellem Begehren bzw. sinnlicher Liebe zurück, und greifen wir dazu die traditionelle Unterscheidung von freundschaftlicher und begehrender Liebe mit folgender These erneut auf: Freundschaft (oder allgemeiner: Kooperation) trägt die *inklusive Tendenz zu geteilter Aufmerksamkeit* in sich und unterscheidet sich damit von der sexuell basierten Liebe, die die *exklusive Tendenz zu ungeteilter Aufmerksamkeit* aufweist (in unserem historischen Überblick sprachen wir auch von romantischer Liebe). Mit diesen Aussagen ist jeweils ein Doppelsinn verbunden: Die ungeteilte Aufmerksamkeit gilt einer Person mit allen ihren Merkmalen und nur dieser Person, die geteilte Aufmerksamkeit bestimmten Merkmalen einer Person und unbegrenzt vielen Personen (wobei klar ist, dass die Aufmerksamkeit einer Person faktisch immer endlich ist).

Diese These ist näher zu begründen. Sinnliche Liebe kann, so wird behauptet, nicht extensiviert werden, ohne ihre Qualität zu verlieren, sie kann nur intensiviert werden, indem gerade die unverwechselbaren Eigenschaften, ja (wenigstens im Prinzip) ausnahmslos alle Eigenschaften einer deswegen als unverwechselbar erachteten Person Bedeutung erlangen, weshalb diese Person nicht durch eine andere Person ersetzt werden kann. Das unterscheidet eine Beziehung, in der eine Person bestimmter Eigenschaften wegen, von einer Beziehung, in der eine Person grundsätzlich aller Eigenschaften wegen, also je als sie selbst, geliebt wird. Hier würde die Intensität einer Beziehung durch andere gleichermaßen intime, gleichfalls sexuell basierte und sinnlich geprägte Beziehungen leiden. Freundschaft (bzw. Kooperation) hingegen kann, auch der rationalen Kalküle wegen, die mit ihr verbunden werden können (wenngleich nicht müssen), sozial und zeitlich leichter ausgedehnt werden. Personen, die bestimmter Eigenschaften wegen geschätzt werden, sind grundsätzlich ersetzbar, vor allem durch Personen, die diese Eigenschaften in höherem Maß aufweisen. Rein freundschaftliche Beziehungen mit demselben Gehalt an Intimität wie sexuell basierte Beziehungen sind schwer vorstellbar, sie würden wohl zur sexuellen Beziehung hinneigen (wobei auch Freundschaften Räume von Intimität erschließen können). Das führt zu der Überlegung, dass der Liebende dazu tendiert, mehr zu lieben, sei es ungeteilter, sei es geteilter. Die Begehrensliebe ist auch einseitig, die Freundschaftsliebe dagegen nur wechselseitig denkbar. Natürlich können sich in einer Beziehung beide Phänomene mischen, insofern sich in einer Freundschaft einseitige Bedürfnisse als solche zu Wort melden und sich in einer sexuell basierten Beziehung Merkmale gegenseitiger Freundschaft als solche zeigen.

Die bereits erwähnte Empfehlung der Maßlosigkeit bezieht sich also im Fall der sinnlichen Liebe auf die begehrenswerten Merkmale einer einzigen Person, im Fall der freundschaftlichen Liebe auf die Anzahl der Personen. Sinnliche und freundschaftliche Liebe lassen sich somit mit den Begriffen *intensiv* sowie *extensiv* bzw. *einzigartig* (im strengen Sinn, weil zumindest dem Anspruch nach ausnahmslos *alle Eigenschaften* einer Person geliebt werden) und *auswechselbar* (weil *einige Eigenschaften*, die, wie wir sahen, das Nützliche nicht ausschließen, geliebt werden) unterscheiden. Es ist, so könnte man nun einwenden, auch im Fall der sinnlichen (oder romantischen) Liebe realistisch anzunehmen, dass Personen aneinander immer einige Eigenschaften besonders lieben, und am besten jene oder einige jener Eigenschaften, die der geliebten Person selbst viel bedeuten, wodurch eine Art lebensgeschichtliche Konvergenz entsteht (eine Person von ihren Eigenschaften zu reinigen, weshalb sie nur als Person geliebt werden könne und solle, würde den Charakter der Liebe verkennen; für die Anerkennung oder Achtung der geliebten Person hingegen ist das plausibel). Diese Beschränkung auf einige Eigenschaften, die geliebt werden, könnte durch die folgende Unterscheidung verteidigt werden: Eine Person werde nicht *aufgrund* einiger (und eben nicht aller) Eigenschaften geliebt, vielmehr sei es die Liebe *zu* einigen (und nicht allen) Eigenschaften einer Person, die ethisch gerechtfertigt werden kann.[11] Wenn allerdings vom Anspruch her nicht alle Eigenschaften, die ja eine Person einzigartig und unverwechselbar werden lassen, geliebt oder, vorsichtiger formuliert, mitgeliebt werden, wie sollte dann Liebe „aufgrund von Eigenschaften" und Liebe „zu den Eigenschaften" einer Person unterscheidbar sein? Dies gilt auch über Zeitdifferenzen hinweg: Warum sollte die Liebe nicht die Veränderung aller Eigenschaften einer Person überstehen können? Erweist sich die Stabilität einer Beziehung nicht in der Instabilität der Maßstäbe gegenseitiger Liebe? Der Anspruch der Liebe, Veränderungen aller Eigenschaften überstehen zu können, darf freilich nicht mit dem Anspruch verwechselt werden, alle Veränderungen dieser Eigenschaften überstehen zu können, was wir mit dem Begriff der „Unverfügbarkeit" der Liebe verbinden, der die Vorstellung oder gar Forderung nach ihrer Unauflöslichkeit abweist.

Nun könnte man noch einmal den Einwand erheben, das sexuelle Begehren könne sich, anders vielleicht als die sinnliche Liebe, mit einer Selbstbeschränkung der begehrten Merkmale zufrieden geben und diese Merkmale auch bei anderen Personen suchen. Gerade im sexuellen Begehren wird jedoch über das eigene Begehren und dessen Erfüllung hinaus das Begehren des anderen begehrt. Nicht das Absehen von eigenen Bedürfnissen wird dann zum Handlungsmotiv; ganz im Gegenteil: die Intensität der eigenen Bedürfnisse wird zum Maßstab dafür, was man geben kann und will. Mit alledem durchbricht bemerkenswerterweise gerade die sexuell basierte Liebe die Unterscheidung von Egoismus und Altruismus ebenso wie die Hierarchisierung und Dualisierung von Sinnlichkeit und Vernunft. Geben und Nehmen bleiben zwar unterscheidbar, lassen sich aber nicht einfach auf die Intentionen der Akteure zu- und erst recht nicht im Sinn von Vor- und Nachteilen verrechnen. Man könnte Liebe und Begehren in ein Mittel-Zweck-Verhältnis setzen (etwa durch Liebe zur sexuellen Befriedigung finden oder sexuelle Befriedigung als Beweis für Liebe fordern), doch verbietet sich das gerade im Namen der Liebe. Wird damit nicht doch ein Vorrang der sinnlichen Liebe vor dem sexuellen Begehren begründet? Keineswegs, denn wir sind mit dieser Aussage nur wieder bei den Anerkennungsbedingungen gelandet, die auch das sexuelle Begehren als Begehren unabweisbar in Anspruch nimmt, selbst wenn es diesem Anspruch nicht folgt, und wir setzen eine Form des sexuellen Begehrens voraus, das sich in einem Resonanzverhältnis zu einem anderen Begehren weiß.

Von daher lässt sich zum einen statuieren, dass sinnliche Liebe der geliebten Person als Ganzer und nicht nur einzelnen Merkmalen, die an ihr geschätzt werden, insbesondere ihrer sexuellen Attraktivität, verpflichtet ist; zum anderen handelt es sich dabei um eine Bindung, die den Augenblick auf eine unbestimmte Dauer hin überschreitet. Ein Begehren, das sich nur auf bestimmte Merkmale einer Person bzw. nur auf eine bestimmte Dauer beschränken will, missachtet diese Verpflichtung bzw. Selbstverpflichtung. Denn auch das sexuelle Begehren nimmt eine Struktur gegenseitiger Anerkennung in Anspruch, die zwar missachtet werden kann, ohne dass dadurch aber die Verpflichtung, die aus der Explikation des Begehrens folgt, verschwinden würde. Innerhalb von allseitig befolgten Anerkennungsbedingungen sind sexuelles Begehren und sinnliche Liebe, wie schon angedeutet, ununterscheidbar. Werden sie unterscheidbar, sind die Anerkennungsbedingungen verletzt. Was spricht dann allerdings dagegen, die ausschließliche und treue Liebe zweier Menschen selbst schon Ehe zu nennen?

9.4 Verbindliche Partnerschaft: Minimale Ehe

Greifen wir noch einmal den Gedanken auf, auch das sexuelle Begehren bzw. die sinnliche Liebe impliziere Strukturen reziproker Selbstbindung, wie Hegel dies für das Begehren allgemein expliziert, ohne dass das Begehren bzw. die Liebe sich in diese Strukturen verausgaben könnte: Anerkennungsbedingungen können die Liebe nicht ersetzen, nur stützen und schützen. Was also das Wohlergehen der liebenden wie der geliebten Personen (und damit die Unterscheidung von Wohlwollen und Wohltun) betrifft, so ist auf das Prinzip gegenseitiger Anerkennung bzw. Achtung zu verweisen, das über subjektive Annahmen darüber, was einer Person gut tut, hinaus eine objektiv (oder besser: intersubjektiv) geltende Regel evoziert, nach der (wie schon mehrfach erwähnt) der andere nie nur als Mittel gebraucht werden darf, sondern jederzeit auch als Zweck an sich selbst zu würdigen ist, wie Kant formuliert. Von dieser Bestimmung her lassen sich Liebe und Achtung voneinander unterscheiden. Achtung als sittliche Bestimmung ist vom Gefühl der Achtung, das als Wirkung aus der Beachtung des kategorischen Imperativs hervorgehen kann, zu unterscheiden – und natürlich auch vom Gefühl der Liebe. Man könnte von Achtungsbedingungen sprechen, die dem Gefühl der Achtung wie dem Gefühl der Liebe Struktur geben. Achtung muss, mit anderen Worten, nicht als Gefühl empfunden werden, es genügt, sie zu üben. Achtungsbedingungen wirken (auch über das Gefühl der Achtung, das sie möglicherweise evozieren) negativ, sofern sie Personen vor Schädigungen durch andere Personen, selbst solchen, deren Handlungen von Liebe motiviert sind, schützen. Dabei kann ein solcher Schaden durch Handlungen genauso wie durch Unterlassungen entstehen. Wir müssen Personen, die wir achten, nicht auch lieben, doch diejenigen, die wir lieben, achten. Die Liebe selbst wirkt positiv, sofern sie in vielfältiger Weise das Wohl des anderen befördert (dies gilt für die freundschaftlich basierte ebenso wie für die sinnlich basierte Liebe).

Ehe ist, so gesehen, nur Institution in einem minimalen Sinn, nämlich als gegenseitig anerkannte Regel wechselseitiger Achtung, sie ist eine Institution, die die Liebe stützt und schützt, wobei sie anderen gesellschaftlichen Institutionen gegenüber autonom bleibt. Deshalb kann jedes institutionelle Moment, das über diesen minimalen Sinn wechselseitiger Achtung hinausgeht und beispielsweise wirtschaftliche, politische, rechtliche oder religiöse Belange reguliert, als kontingent, nicht hingegen als konstitutiv für die Liebe behandelt werden. Das gegenseitige Gebundensein in der Liebe anzuerkennen, ist für endliche Wesen Zeichen von Würde. Wir nennen also den Ausdruck dieses Sich-gebunden-Wissens Ehe. Sie wehrt der Gefahr der Verdinglichung, indem sie sexuelle Beziehungen auf ein Verhältnis wechselseitiger Achtung beschränkt, auch weil die Partner sich zur gegenseitigen Unterstützung in über die Sexualität hinausreichenden Belangen verpflichten, also in jenen Hinsichten, die durch die Ganzheitsformel der „Person" benannt sind. Sie dürfen einander deshalb nicht verzwecken, sondern sollen sich gegenseitig achten. Durch die gegenseitige Bindung entsteht zudem eine Stabilität der Wertschätzung, welche das sexuelle Begehren bzw. die sinnliche Liebe so nicht gewährleisten kann, gilt es doch, Zeitdifferenzen durch Handlungen zu überbrücken, die nicht durch sexuelles Begehren und sinnliche Liebe motiviert sind und eher als Ausdruck freundschaftlicher Liebe oder von Kooperation verstanden werden können. Begehren und Liebe können nicht geboten werden. Achtung dagegen kann geboten werden. Das kann freilich nicht zu der Folgerung führen, es solle eine Ehe ohne Liebe oder unabhängig von Liebe gefordert werden. Die Ehe soll die Liebe personalisieren und stabilisieren, sie kann die Liebe allerdings nicht ersetzen.

Die Liebe kann sich nur aus eigenen Beständen reproduzieren. Es liegt daher an den Liebenden selbst, Bedingungen zu schaffen, die ihrer Liebe Beständigkeit geben. Zwar tritt das Gefühl der Liebe absichtslos in die Welt, die Partner können sich aber zu ihrem Gefühl absichtsvoll, bejahend oder verneinend, verhalten und ihre Liebe damit stärken oder schwächen. Was allerdings sollte, so wäre einzuwenden, Liebende dazu motivieren, ihre Liebe zu schwächen oder gar zu zerstören? Denkbar ist, dass eine Liebesbeziehung einseitig (auch gleichzeitig durch beide Partner) aufgelöst wird, dass hinter dieser Auflösung also keine gemeinsame Intention steckt. Sogar wenn gelten würde, dass eine Liebe im Grunde nicht verraten, das heißt durch Verrat nicht beendet werden kann, sondern sich gerade dadurch als sie selbst erweist, weil Liebe nicht auf Eigenschaften oder Fähigkeiten der geliebten Person, sondern auf die Person selbst in strenger Totalität abstellt, wie Slavoj Žižek argumentiert, so könnte eine Liebe doch absichts- und schuldlos zu Ende gehen.[12] Gerade der unrealistisch erscheinende Anspruch der romantischen Liebe, alle Eigenschaften einer Person zu lieben oder wenigstens mitzulieben, erweist genau darin seinen realistischen Gehalt: Eine Liebe mag trotz bester Absichten ohne Schuld enden. Weil diese Möglichkeit besteht, soll nicht von der *Unauflöslichkeit*, sondern von der *Unverfügbarkeit* der Liebe gesprochen werden.[13] Unauflöslichkeit im strengen Sinn kann einer Institution zugesprochen werden, einer Intuition wie dem Gefühl der Liebe jedoch nicht. Genauer gesagt, kann die Gesellschaft, die sich auf die Etablierung einer Institution einigt, auch für die Unauflöslichkeit einer Verbindung sorgen. Das Gefühl der Liebe kann nicht als unauflöslich behandelt werden. Wir würden deshalb sagen, die Liebe sei, was ihren Anfang, ihr Fortbestehen, jedoch auch ihr Ende betrifft, unverfügbar. Die Liebe zu lieben erweist sich somit als die ihr eigene Form der Gebundenheit. In diesem Sinn ist die Ehe, wie bereits dargelegt, als normatives Derivat der Liebe zu verstehen. In der traditionellen Sicht konnte die Ehe dagegen als Beziehung ohne die Liebe, ja sogar gegen die Liebe empfohlen, auf Pflicht anstatt auf Neigung gegründet und deshalb auch als unauflöslich behandelt werden. Liebe wurde in dieser Hinsicht als Derivat der Ehe begriffen. Allenfalls wurde Freundschaft, nicht hingegen sexuelles Begehren als stützend für die Ehe angesehen.

9.5 Bilanz

Die ausschließliche und treue Bindung, die zwei Menschen eingehen, gleich und frei, und die sich auf diese Weise gegenseitig achten, ist somit die einzige Norm, die sich aus der Liebe selbst erheben lässt. Diese Norm kann, wie wir gesehen haben, aus der Institution der Ehe, sofern sie der Hervorbringung legitimer Nachkommen dient, nicht gewonnen werden. Denn diese Institution ließ es zu, dass Männer vor der Ehe sexuelle Erfahrungen sammelten oder dass sie in einer Ehe untreu waren (ganz abgesehen davon, dass sexuelle Gewalt in einer Ehe nicht als solche gesehen oder gar sanktioniert worden wäre). Wird vorausgesetzt, dass eine verbindliche Liebesbeziehung schon Ehe (in einem minimalen Sinn) genannt werden kann, können sexuelle Erfahrungen vor der Ehe nur in einer unverbindlichen und ethisch nicht legitimierbaren Form gesammelt werden. Würde man, was heute gar nicht mehr vorstellbar wäre, mit einer Person sexuell *allein* zu dem Zweck verkehren, Nachkommen zu zeugen, müsste man dies, zumindest wenn die Liebe zur Norm genommen wird, als unzulässige Verzweckung bzw. Selbstverzweckung lesen, traditionell war dies hingegen nicht nur zulässig, sondern sogar geboten. Würde man mit einer Person sexuell *allein* zu dem Zweck verkehren, Lust zu empfinden, wäre das traditionell als unzulässiger Hedonismus zu werten, nimmt man hingegen die Liebe zur (verbindlichen) Norm, ist das zulässig (natürlich nicht geboten, kann man doch zugleich Nachkommen intendieren, eine Einstellung, die traditionell wiederum unzulässig wäre).

Man wird nicht sagen können, dass unsere Zeit früheren Zeiten ethisch überlegen ist, weil die Menschen damals wenig oder keine Alternativen zu ihrer Lebensform kannten (womit natürlich nicht ausgeschlossen wird, dass Ehen von

Liebe und gegenseitiger Treue bestimmt waren, und ebenso wenig, dass es in ihnen Gewalt, Missbrauch und Untreue gab). Die Erfordernisse des Lebens und Überlebens ließen, anders gesagt, wenig Spielraum für abweichendes Handeln. Wir können jedoch sagen, dass die normative Begründung der Beziehung zweier Menschen in gegenseitiger Liebe ethisch anspruchsvoller ist als die Begründung in der Institution Ehe.

Die Ehe war ehedem das institutionalisierte Misstrauen der Gesellschaft gegenüber einer Liebe, die sich familiären Kalkülen entziehen wollte, sie war die inkarnierte Vernunft, die Stabilität angesichts des als unstet geltenden Gefühls der Liebe verleihen sollte. Doch kann die Unsicherheit, welche die Liebe mit sich bringt, für den Einzelnen wie für die Gesellschaft, kaum verringert werden, nicht dadurch, dass man sich ständig und immer neu der Liebe versichert, womit man in sie den Keim des Misstrauens pflanzte, noch dadurch, dass man ihr durch Vereinbarungen Stabilität zu geben versucht. Wer hinter der Liebe immerfort das Risiko ihres Scheiterns sieht, wer das Risiko, das jede Liebe mit sich bringt, institutionell zu vermeiden trachtet, vermeidet zwangsläufig die Liebe selbst und zieht ihr Surrogate vor. Im historischen Rückblick wirkt der abgesicherte Zugriff auf die Liebe als Ausdruck eines rücksichtslosen Hedonismus und einer nicht rechtfertigbaren Verzweckung, und eben nicht, wie häufig vorgegeben wird, die sich ungesichert gebende Liebe. Es ist gleichwohl möglich und sinnvoll, Strukturen der Achtung zu schaffen, mit der Liebende ihre Liebe beschützen. Die Liebe selbst lässt sich nicht normieren. Warum sollte man? Wer möchte schon etwas gegen schrankenlose Liebe einwenden? Wer wollte gerade der Liebe Fesseln auferlegen? Liebe, schreibt Brentano, ist nicht Gabe, sondern Vergeudung, „die Liebe ist ein göttlicher Wucher, diesen Wucher hast Du nie gekannt, Du traust der Liebe nicht, aber ich traue ihr ewig".[14] Die Theologie jedenfalls sollte das göttliche Zutrauen, das ihrer eigenen Auskunft nach der menschlichen, auch der sinnlichen Liebe entgegengebracht wird, kaum durch ein institutionalisiertes Misstrauen, das die Ehe im traditionellen Verständnis ja repräsentierte, diskreditieren wollen – vor allem nicht im Namen Gottes.

Anmerkungen

Einleitung

[1] Vgl. Goertz/Witting, Amoris laetitia; Schockenhoff, Traditionsabbruch oder notwendige Weiterbildung?

[2] Einen Ansatz für eine neue systematische Sicht bietet Breitsameter, Liebe – Formen und Normen.

1. Ehe und legitime Nachkommen

[1] Vgl. Breitsameter, Liebe – Formen und Normen, 34–36.

[2] Vgl. Otto, Theologische Ethik, 39.

[3] Durch die familiäre Anerkennung wird die Verbindung zu einem „iustum conubium". Vgl. Dixon, Roman Family, 61.

[4] Gesellschaften, in denen Heiraten aus politischen bzw. wirtschaftlichen Kalkülen heraus geschlossen werden, bezeichnet man auch als „Allianzgesellschaften". Vgl. Parkin, Kinship.

[5] Vgl. Stein, Luther, 174.

[6] Vgl. Ziegler, Ehelehre, 129.

[7] Vgl. Funke, Liebe als Krankheit, 15–22. Ovid hat in seinem Werk „Remedia amoris" ein Heilmittel gegen die Liebe gesucht, die Liebe selbst also als Krankheit betrachtet. Er hat damit die bis ins Mittelalter hineinwirkende Vorstellung aufgenommen, Liebe sei Passion, also etwas, was man erleidet und woran man leidet. Deshalb gelte es, dagegen quasi medizinische Heilmittel zu erfinden.

[8] Vgl. Luhmann, Liebe als Passion, 63.

[9] Vgl. Kohl, Gelenkte Gefühle, 129f.: „Die Verwandtschaftsnomenklatur, das Verhalten der Erwachsenen und das traditionelle Normensystem beeinflussen also ganz offensichtlich die Partnerwahl. Sie lenken die Gefühle auf diejenigen, die als Liebes- und Ehepartner in Frage kommen. Nicht zu unterschätzen ist auch der Beitrag, der zu einer solchen Konditionierung der Affekte von den einheimischen Mythen und Märchen geleistet wird."

[10] Vgl. Harper, From Shame to Sin, 65.

[11] Vgl. Rothmann, Hearts and Hands, 23; Gillis, For Better, For Worse, 125–130.

[12] Vgl. Frier, Demography, 788–791.

[13] Nach athenischem Recht wurde die Verführung einer Frau härter be-

straft als ihre Vergewaltigung, weil ein Mann im einen Fall nur physisch, im anderen Fall auch psychisch in die Sphäre eines anderen Mannes eindrang. Vgl. Thornton, Eros, 167f.; Lacey, Family in Classical Greece, 115.

[14] Giddens, Wandel der Intimität, 16. Vgl. auch Stone, Road to Divorce, 7.

[15] Vgl. Otto, Kontinuum und Proprium, 35.

[16] Eine weitere Norm betrifft die Art und Weise, wie homosexuelle Akte ausgeübt werden. Keinesfalls darf dadurch die Stellung des Mannes innerhalb der Gesellschaft missachtet werden (siehe dazu Kapitel 7).

[17] Vgl. Breitsameter, Menschliche Sexualität, 373–387.

[18] Vgl. mit Blick auf Griechenland Brundage, Law, 13: „In addition, Greek opinion expected a married men to abstain from open or notorious relationships with women other than his wife, although flirtations and even sexual relationships with young men were not considered altogether incompatible with marriage."

[19] Ovids Metamorphose „Pyramus und Thisbe" ist ein berühmtes literarisches Beispiel nicht für die Normierung von Liebe, sondern für die Normierung einer bestimmten Ausformung von Liebe, die von der Gesellschaft, hier den beteiligten Familien, nicht akzeptiert wird.

[20] Wenn die Theologen nicht von „fides", sondern von „caritas" sprachen, könnte der Eindruck erweckt werden, als sei damit die romantische, auf Innerlichkeit und Empfindsamkeit abgestellte Liebesehe vorweggenommen. Allerdings bezog man sich damit häufig auf die Marienehe, die auf diese Weise von allen sinnlichen Antrieben gereinigt und doch als echte Ehe erscheinen konnte. Sprach man von der sinnlichen Liebe, wurde der Begriff „amor" verwendet. So führte man etwa aus, das Sakrament der Ehe sei so stark, dass es sogar eine aus Liebe (amor) geschlossene Verbindung rechtfertige. Dahinter steht die kontrovers geführte Diskussion, ob die Ehe überhaupt zu den Sakramenten gerechnet und so auch Taufe und Eucharistie zugesellt werden soll, hat sie doch mit – wenigstens für die Theologen – wenig erfreulichen Dingen, nämlich mit „libido" und „cupiditas", zu tun.

[21] Vgl. Luhmann, Liebe als Passion, 185.

[22] Vgl. Habermas, Bürgerliche Kleinfamilie, 287–310.

[23] Vgl. Breitsameter, Liebe, 17.

[24] Vgl. Foucault, Gebrauch der Lüste, 42f., 126.

[25] Vgl. Keel, Hohelied, 24.

[26] Vgl. Skinner, Sexuality, 319.

[27] Vgl. Noonan, Contraception, 119–139. Vermutlich in Opposition zu den Manichäern, für die der geschlechtliche Verkehr nur dann als moralisch gut bezeichnet werden kann, wenn die Zeugung von Nachkommen ausgeschlossen wird, betont Augustinus, dass jede geschlechtliche Vereinigung

auf Nachkommenschaft hin offen sein soll. Damit wird der kontingente Charakter dieser Bestimmung offensichtlich (siehe dazu auch Kapitel 6).

[28] Dieses Merkmal der Ehe, das der Intention der Partner entzogen ist, beginnt genau genommen schon damit, dass die „societas", die die Partner eingehen, über die Intention eines Handelnden hinausgeht und als kollektive Intention immer auf die Mitwirkung des jeweils anderen angewiesen bleibt. Deshalb kommt dem Sakrament der Ehe, wie es sich später konstituiert, die Eigenart zu, von den Partnern, nicht vom Priester gestiftet zu werden. Trotzdem versuchte die Kirche, mehr und mehr Einfluss auf diesen Akt zu nehmen. Das zeigt sich auch darin, dass die Ehe zwar durch den Konsens der Partner gestiftet, jedoch nicht konsensuell beendet werden kann, eine Konstruktion, die natürlich vor allem der Kirche zugutekam.

[29] Auch der Begriff „remedium" ist, wie wir bereits sahen, in der paganen Literatur vorgeprägt, er gilt jedoch dem Gedanken, es seien Heilmittel gegen eine Liebe zu finden, die sich den vernünftigen Kalkülen einer Familie oder eines Gemeinwesens widersetzt.

[30] Vgl. Müller, Lehre, 43–50.

2. Reine Hände, reine Herzen

[1] Kongregation für die Glaubenslehre, Persona humana 9.

[2] Leo XIII., Brief (DH 688).

[3] Vgl. Lutterbach, Sexualität im Mittelalter; Burschel/Marx (Hg.), Reinheit.

[4] Hieke, Levitikus, 546.

[5] Lutterbach, Sexualität im Mittelalter, 28.

[6] Für einen detaillierten Überblick über alt- wie neutestamentliche Reinheitsvorstellungen und damit verbundene Bedeutungsverschiebungen vgl. auch Countryman, Dirt, Greed, and Sex.

[7] Vgl. Brown, Keuschheit der Engel; Sieben, „Unsere Sache ist es nicht".

[8] Vgl. Geerlings, Entstehung der christlichen Sexualmoral.

[9] Vgl. Lutterbach, Sexualität im Mittelalter, 53. Lutterbach verweist auf Tertullian (gest. nach 220) und Origenes (gest. um 254).

[10] Vgl. Arndt, Reinheit/Reinigung; Platon, Phaidon 68c; Kratylos 403e–404a.

[11] Vgl. Foucault, Geständnisse des Fleisches, 425f.

[12] Fuchs, Sexualethik, 50f.

[13] Thomas von Aquin, Summa Theologiae III, q. 80, a. 7c.

[14] Lutterbach, Abwertung der Sexualität, 268f.

[15] Aus den „Kanones der römischen Synode an die gallischen Bischöfe",

siehe Duval, Ad Gallos Episcopos, 32 (zitiert nach Angenendt, Ehe, Liebe und Sexualität, 79).

[16] Isidor von Sevilla, Etymologiae XI, 1; vgl. Angenendt, „Mit reinen Händen", 255.

[17] Angenendt, Ehe, Liebe und Sexualität, 208.

[18] Mutz, Anschauung über die Keuschheit, 264.

[19] Ebd. 273. Mutz bezieht sich an dieser Stelle auf Hans Wegener, Autor des Buches „Wir jungen Männer. Das sexuelle Problem des gebildeten jungen Mannes vor der Ehe: Reinheit, Kraft und Frauenliebe" (Düsseldorf 1906).

[20] Wisdorf, Wissen, 92. Von demselben Autor: Muss ein Junge daran scheitern?

[21] Vgl. Gabriel, Christentum, 166.

[22] Ebd. 173.

[23] Zweites Vatikanisches Konzil, Gaudium et spes 3.

[24] Hahn/Hoffmann, Selbsttötung, 555; vgl. Joas, Sakralität der Person.

3. Wechselnde Bewertungen der sexuellen Lust

[1] So nehmen Origenes, Ambrosius und Hieronymus an, es habe im Paradies keinen Geschlechtsverkehr gegeben, die geschlechtliche Vermehrung sei eine Auswirkung des Sündenfalls.

[2] Hier ist chronologisch zu differenzieren: In dem um 401 n. Chr. verfassten Werk „De bono coniugali" spekuliert Augustinus noch, im Paradies seien Kinder womöglich ohne Geschlechtsverkehr und nur durch die Einwirkung Gottes oder doch mit Hilfe der körperlicher Vereinigung hervorgebracht worden (bzw. sei das Gebot, die Menschen sollten sich vermehren und die Erde bevölkern, nur im mystischen Sinn zu verstehen, nämlich als Auftrag zur geistigen Vereinigung für die Hervorbringung geistiger Früchte, nämlich guter Werke zum Lob Gottes). In der kurz danach entstandenen Schrift „De genesi ad litteram" diskutiert er in einer frühen Schicht eine Zeugung durch geistige Liebe (waren die Menschen im Paradies doch unsterblich, wozu eine körperliche Fortpflanzung nicht passen will) oder durch Geschlechtsverkehr, jedoch ohne die „libido"; in einer späten Schicht desselben Werks vertritt er die sexuelle Zeugung ebenfalls ohne die „libido", so dass die Geschlechtskräfte durch die Vernunft geweckt wurden. In der um 420 n. Chr. verfassten Schrift „Contra duas epistulas Pelagianorum" favorisiert er eine durch die Vernunft ausgelöste und vollkommen beherrschte „libido" bzw. einen Gebrauch der Geschlechtskräfte ohne „libido", also rein durch Vernunft. Diese beiden Arten der Fortpflanzung werden auch in dem 428–430 n. Chr. entstandenen Werk „Opus imperfectum contra Julianum" wiederholt.

[3] Vgl. Augustinus, Contra duas epistulas Pelagianorum I, 17.

[4] Vgl. Augustinus, De Genesi ad litteram IX, 10.

[5] Vgl. Wetzel, Augustine on the Will, 344.

[6] Vgl. Augustinus, De civitate Dei XIV, xvii, 19–21; Contra Iulianum opus imperfectum III, 177.

[7] Vgl. Hunter, Augustine on the Body, 359.

[8] Vgl. Augustinus, De civitate Dei XIV, xv.

[9] Augustinus, Contra Iulianum opus imperfectum V, 59.

[10] Ebd. I, 71.

[11] Zum Gebrauch der Begriffe „concupiscentia", „cupiditas" und „libido", die bei Augustinus weitgehend (ihr Gebrauch ist freilich nicht fix) als Synonyme verwendet werden, vgl. Nisula, Functions of Concupiscence, 353. Der Begriff der Konkupiszenz ist dabei immer negativ besetzt, alle drei Begriffe sind nicht nur sexuell konnotiert, sondern stehen generell für das sinnliche Begehren.

[12] Vgl. Augustinus, De nuptiis et concupiscentia ad Valerium I, viii,12; II, xxi.

[13] Vgl. Augustinus, Contra Iulianum opus imperfectum IV, 29; Contra Iulianum IV, 67. Die Verurteilung der ehelichen Geschlechtslust hatte mit Clemens von Alexandrien eingesetzt.

[14] Vgl. Augustinus, De bono coniugali VI; Contra Iulianum III, 43.

[15] Vgl. Augustinus, De bono coniugali X, xviii, 21.

[16] Vgl. Foucault, Geständnisse des Fleisches, 475f.: „Die Tragweite dieser Vorstellung zeigt sich, wenn man sie mit den Aussagen Julians vergleicht. Sie sind dazu augenscheinlich exakt symmetrisch und invers, wenn Julian sagt: ‚Wer das Maß der natürlichen Begierlichkeit wahrt, bedient sich eines Gutes in guter Weise; wer das Maß nicht wahrt, bedient sich eines Gutes in schlechter Weise. Wer aber sogar dieses Maß aus Liebe zur heiligen Jungfräulichkeit gering geachtet haben sollte, bedient sich in besserer Weise eines Gutes gar nicht.' Und Augustinus: ‚Wer das Maß der fleischlichen Begierlichkeit wahrt, bedient sich eines Übels in guter Weise; wer das Maß nicht wahrt, bedient sich eines Übels in schlechter Weise. Wer aber sogar eben dieses Maß (…) gering geachtet haben sollte, bedient sich in besserer Weise des Übels gar nicht.'"

[17] Kablitz, Inkarnation, 65.

[18] Vgl. Duby, Ritter, Frau und Priester, 34. Es ist das frühe Werk „De Genesi contra Manichaeos", in dem Augustinus Mann und Frau in einem Befehls- und Unterwerfungsverhältnis sieht.

[19] Vgl. Hunter, Marriage, 269–284.

[20] Vgl. Brown, Augustine of Hippo, 500–502.

152

[21] Vgl. Schnell, Causa amoris, 66.

[22] Vgl. Zeimentz, Ehe nach der Lehre der Frühscholastik, 57f.

[23] Vgl. Noonan, Contraception, 196.

[24] Vgl. Weigand, Lehre, 467f.

[25] Vgl. Weigand, Zwischenmenschliche Aspekte, 71.

[26] Vgl. Weigand, Liebe und Ehe, 53f.

[27] Vgl. Brundage, Carnal Delight, 366f.

[28] Auch Roland von Cremona vertrat unter dem Einfluss der aristotelischen Philosophie die These, die Geschlechtslust selbst sei ohne Sünde. Vgl. Ziegler, Ehelehre, 170–173.

[29] Vgl. ebd. 188.

[30] Vgl. Brundage, Carnal Delight, 348f.

[31] Lust und Tat bilden – so formuliert Thomas von Aquin im Anschluss an Aristoteles – zusammen eine „operatio perfecta". Daraus kann man schließen, dass die Lust nicht von der Tat isoliert werden kann. Das sinnliche Streben sucht die Lust, das geistige Strebevermögen das Gut, das durch die Lust als erstrebenswert erscheint. Die Lust ist also nur in der Vollendung der Handlung auch Ziel. Vgl. Thomas von Aquin, Summa Theologiae I-II, q. 4, a. 2 ad 2.

[32] Thomas drückt sich vorsichtig und zugleich innovativ aus: Die Lust ist für ihn eine „perfectio secunda" der Tat. Sie ist Ergebnis beim Erreichen eines Ziels, sie ist also nur in der Vollendung der Tat auch Ziel. Vgl. Fuchs, Sexualethik, 25: „Darin liegt die Vollendung der Tat durch die Lust, daß diese jener ihre Gutheit (= finis) mitteilt, damit dann die Tat, von der Lust umkleidet, dem Menschen leichter als ein erstrebenswertes Ziel erscheint. Das sinnliche Strebevermögen aber sucht wesentlich das Teilgut der Lustempfindung, zu dessen Erreichung es die Tat vollzieht; der Geist aber erstrebt an sich das Gut, dessen perfectio secunda die Lust ist; so hatte denn auch Gott das Gute der Tat im Auge, als er, damit diese leichter und sicherer erreicht werde, zu ihrer Vollendung die Lust zufügte. Das ist nach Thomas der Sinn des Wortes, die Geschlechtslust sei ein Lockmittel: Nicht eine ungereimte Angelegenheit, wie man gesagt hat, sondern die Vollendung und Krönung der Tat: und dies nicht als Folge der Erbsünde, sondern von Natur."

[33] Vgl. Noonan, Contraception, 293.

[34] Vgl. Müller, Lehre, 246. Dabei bezeichnet Albertus Magnus den Verlust der „gratia innocentiae" als Ursache für die Schmach (turpitudo) der Sexualität.

[35] Vgl. Fuchs, Sexualethik, 21–27.

4. Gemäß der menschlichen Natur

[1] Benedikt XVI., Ansprache.

[2] Ebd.

[3] Vgl. Forschner, Stoische Ethik.

[4] Marc Aurel, Selbstbetrachtungen VI, 44.

[5] Ebd. VII, 11.

[6] Ebd. XII, 19.

[7] Ebd. VI, 13.

[8] Ebd. VI, 16.

[9] Vgl. ebd. II, 5.

[10] Vgl. Frenschkowski, Kennt Paulus ein Naturrecht?

[11] Früchtel, Klemens von Alexandrien, 126.

[12] Vgl. Brown, Keuschheit der Engel, 144–154.

[13] Vgl. Foucault, Geständnisse des Fleisches, 49–75.

[14] Clemens von Alexandrien, Paidagogos II, X, 96,1.

[15] Fuchs, Sexualethik, 10.

[16] Ebd. 294.

[17] Das zeigt die Analyse römischer Dokumente der letzten Jahrzehnte durch Heimerl, Andere Wesen.

[18] Vgl. Kamper/Wulf (Hg.), Wiederkehr des Körpers.

[19] Vgl. schon Adam, Primat der Liebe, 160–163.

[20] Vgl. Berger/Luckmann, Konstruktion der Wirklichkeit, 193. „Seine biologische Konstitution treibt den Menschen, sexuelle Entspannung und Nahrung zu suchen. Aber seine biologische Konstitution sagt ihm nicht, wo er sich sexuell entspannen und was er essen soll. (…) Sexualität und Ernährung werden viel mehr gesellschaftlich als biologisch in feste Kanäle gedrängt."

[21] Pius XI., Casti connubii 10.

[22] Katechismus der Katholischen Kirche Nr. 2370.

5. Sexuelle Akte vor und außerhalb der Ehe

[1] Vgl. Hughes, From Brideprice to Dowry, 284.

[2] Vgl. Weber, Eheschließung, 146–152.

[3] Vgl. Wemple, Women in Frankish Society, 83f.

[4] Zum utopischen Gehalt des Konsensprinzips vgl. Schnell, Literatur als Korrektiv, v. a. 226f.

[5] Vgl. Allard, Eheliche Lebens- und Liebesgemeinschaft, 67–69.

[6] Vgl. Lätheenmäki, Sexus und Ehe bei Luther, 43–52.

[7] Fuchs, Die kleinen Verschiebungen, 52.

[8] In der bürgerlichen Welt wurden – auch durch die höheren Überlebensraten – einige wenige Kinder zum Zentrum familiärer Sinnstiftung. Ihre Erziehung war Aufgabe der von der Erwerbstätigkeit befreiten Mutter. Vgl. Ryan, The Cradle of the Middle Class, 102; Dally, Inventing Motherhood, 44–55; Badinter, Myth of Motherhood.

[9] Vgl. Luhmann, Liebe. Eine Übung, 36.

[10] Zu dieser, allerdings umstrittenen, These vgl. Stone, Family, 83f.; Mitterauer/Sieder, The European Family, 126–129.

[11] Vgl. Luhmann, Liebe. Eine Übung, 35: „Damit wird Liebe von all den Fremdfunktionen entlastet, die sie mittrug – vor allem von Funktionen der Stützung der Moral und des Rechts, der politischen Herrschaft und des wirtschaftlichen Bedarfsausgleichs. Sie wird vor den Verflachungen bewahrt, die fast unvermeidlich sind, wenn man sich auf Konsens mit jedermann einstellen muß."

[12] Vgl. Horowitz, Love and Language, 41f.

[13] Goody, Entwicklung, 71.

[14] Vgl. Giddens, Wandel der Intimität, 148–172.

[15] Vgl. Neumann, Erziehung zur Liebe, 73f.

[16] Vgl. Briggs, Social History of England, 199. Dabei wurde die Ehe als Bestandteil der gesellschaftlichen Ordnung, die es ja vornehmlich zu schützen galt, angesehen, gerade weil die Liebe als Gefahr für diese Ordnung erschien.

[17] Vgl. Gillis, For Better, For Worse, 102. In diesem Zusammenhang spielte, was England betrifft, die Zeit zwischen 1640 und 1650, in der sich eine, so Gillis, erste moderne sexuelle Revolution, die allerdings nur Episode blieb, zutrug, eine wichtige Rolle. Frauen begnügten sich nicht länger mit dem spirituellen Aspekt von Freiheit und Gleichheit: „Not only was patriarchy challenged by children claiming their right to marry, but wives, no longer content with spiritual equality, claimed social parity with their husbands. The Quakers dispensed with the vow of obedience in their marriage ceremony, and their leader George Fox acknowledged his spouse's right not only to her conscience but her property. Other sectarians took the opportunity to press for a single moral standard (a strict one, of course), and there were even those who promoted the idea of equal grounds for divorce for both men and women. While puritans did not wish to abandon marriage as such, some believed a bad marriage was ungodly and should be terminated". Vgl. dazu auch Mitterauer, A History of Youth, 18–34.

[18] Vgl. Atkinson, The Oldest Vacation, 118–137.

[19] Vgl. Gillis, A World of Their Own Making, 70: „In the second half of the nineteenth century, banks and the stock market replaced family and kin as

sources of capital. No longer centers of production, households could dispense with the labor of the own offspring and the children of neighbors and kin (...). In the second half of the nineteenth century, the networks of community and kin, which had previously been crucial to middle-class family formation, became largely irrelevant. Marriage, like career, had become a matter of individual choice, involving only the two families of origin."

[20] Vgl. Luhmann, Liebe als Passion, 60.

[21] Vgl. Borscheid, Geld und Liebe, 112–134. Wo die materiellen Motive nur eine geringe Rolle spielten (nämlich in den ärmeren Schichten), konnte die Eigenständigkeit ideeller Motive kaum betont werden: Sexuelle Beziehungen wurden in der Regel früh aufgenommen und Ehen häufig aufgrund einer Schwangerschaft geschlossen. Für das Ideal der Liebe blieb hier wenig Platz. Vgl. Lipp, Sexualität und Heirat, 186–197.

[22] Vgl. Rosenbaum, Formen der Familie, 251–263.

[23] Es ist deshalb nicht plausibel, wenn Scruton, Sexual Desire, 231f., die romantische Liebe als Weiterentwicklung des alten Freundschaftsideals sieht, innerhalb dessen die Konkurrenz rationaler Kalküle überwunden ist (was Begehrensliebe und Freundschaftsliebe tatsächlich miteinander verbindet). Vielmehr ist das „Wir" der romantischen Liebe ein Amalgam aus psychischer und physischer Intimität.

[24] Vgl. Sieder, Ehe, Fortpflanzung und Sexualität, 159.

[25] Vgl. Fichte, Grundlage des Naturrechts, 308–322.

[26] Peuckert, Familienformen, 11–26.

6. Empfängnisverhütung

[1] Vgl. Goertz, „Freiheit? Welche Freiheit?"

[2] Vgl. zum Folgenden die Darstellungen von Noonan, Empfängnisverhütung, 127–151; Fox, Augustinus, 119–215.

[3] Fox, Augustinus, 123.

[4] Ebd. 146.

[5] Noonan, Empfängnisverhütung, 143.

[6] Alle Zitate Fox, Augustinus, 156.

[7] Ebd. 127.

[8] Augustinus, Contra Faustum 22,30 (Übersetzung Noonan, Empfängnisverhütung, 145).

[9] Augustinus, De moribus Manichaeorum 18,65 (Übersetzung Noonan, Empfängnisverhütung, 143).

[10] Noonan, Empfängnisverhütung, 149.

[11] Ebd. 143.

[12] Vgl. Pius IX., Qui pluribus (1846): „Und hieraus wird ganz deutlich, in welch großem Irrtum sich auch jene befinden, die die Vernunft missbrauchend und die Worte Gottes als menschliches Werk erachtend, aus eigener Willkür jenes zu erklären und blindlings auszulegen wagen, während doch Gott selbst eine lebende Autorität einsetzte, die den wahren und rechtmäßigen Sinn seiner himmlischen Offenbarung lehren, festlegen *und alle Streitfragen im Bereich des Glaubens und der Sitten mit unfehlbarem Urteil entscheiden sollte*, damit die Gläubigen nicht durch jeden Windstoß der Lehre in der Verworfenheit der Menschen der Arglist des Irrtums in die Arme getrieben würden [*vgl. Eph 4,14*]" (DH 2781).

[13] Vgl. Langlois, Le crimen d'Onan.

[14] Zum ersten Mal geht es 1853 in einer Antwort des Heiligen Offiziums um Verhütung mittels eines Kondoms und um die Frage, ob eine Frau sich dabei passiv dem ehelichen Verkehr hingeben dürfe (DH 2795). Die Antwort: „Nein; sie würde nämlich eine in sich unerlaubte Sache betreiben." Im Falle des *coitus interruptus* waren zu Beginn des 19. Jahrhunderts römische Antworten weniger rigoros (vgl. die Antwort der Hl. Pönitentiarie vom 23.4.1822, DH 2715). Wenn die Frau Übel zu befürchten hatte, war es ihr erlaubt, sich dem ‚onanistischen' Tun ihres Mannes nicht zu verweigern (vgl. dazu Noonan, Empfängnisverhütung, 491–493).

[15] Die berühmte Geschichte von Onan: „Da sagte Juda zu Onan: Geh zur Frau deines Bruders, vollzieh mit ihr die Schwagerehe und verschaff deinem Bruder Nachkommen! Onan aber wusste, dass die Nachkommen nicht ihm gehören würden. Sooft er zur Frau seines Bruders ging, ließ er den Samen zur Erde fallen und verderben, um seinem Bruder Nachkommen vorzuenthalten. Was er tat, missfiel dem HERRN und so ließ er auch ihn sterben." Da die Strafe Onan trifft, weil er sich seiner sozialen Pflicht (Institution der Levirats-Ehe) gegenüber dem kinderlos Verstorbenen und dessen Witwe verweigert, taugt die Stelle nicht zur generellen Verurteilung von Empfängnisverhütung als schwer sündhaft, zu der sie im Mittelalter mutiert ist; siehe dazu Konrad Hilpert, Onanie, in: LThK^3 7 (1998) 1052f.

[16] Vgl. Ferdinand, Geburtenrückgangstheorien.

[17] Noonan, Empfängnisverhütung, 534. Vgl. zum Hintergrund Unterburger, Phänomenologie der ehelichen Liebe; zur römischen Wahrnehmung der gesellschaftlichen Entwicklungen zu Beginn des 20. Jahrhunderts Pacelli, Lage der Kirche in Deutschland.

[18] Pius XI., Casti connubii 3.

[19] Pius XI., Casti connubii 47. Weil sich die Anglikanische Kirche kurz zuvor in der Frage der Empfängnisverhütung differenzierter im Sinne eines Verzichts auf eine rigorose Verurteilung geäußert hatte, wurde aus

der Frage der Ehemoral eine Frage nach der wahren Kirche. Im Vorfeld der Veröffentlichung der Enzyklika *Humanae vitae*, die die Norm von *Casti connubii* der Sache nach bestätigte, wurde Paul VI. vor den Folgen einer Veränderung der Lehre in Richtung der Position der Anglikanischen Kirche mit dem Argument gewarnt, dies könne dazu führen zu glauben, der Heilige Geist habe in der Vergangenheit nicht dem römischen Lehramt beigestanden.

[20] Pius XI., Casti connubii 23.

[21] Gruber, Christliche Ehe, 102.

[22] Vgl. ebd. 100–102.

[23] Hildebrand, Reinheit und Jungfräulichkeit, 18; vgl. Doms, Vom Sinn und Zweck der Ehe, 23: „Im vollkommenen, menschenwürdigen Sexualakt erfassen sich die Partner gegenseitig in intimer Liebe, das heißt geistig, und schenken sich in der Liebe einander in einem Akt, der die Hingabe und den Genuss der ganzen Person, nicht bloß eine Organbetätigung, beinhaltet."

[24] Das zentrale Dokument: Pius XII., Ansprache (UG 1054–1102).

[25] Ebd. UG 1094.

[26] Ebd. UG 1082; vgl. UG 2240.

[27] Ebd. UG 1082.

[28] Ebd. UG 1064.

[29] Gruber, Christliche Ehe, 107.

[30] Lepp, Feinde der Liebe, 29; vgl. auch das Urteil von Rahner, Über schlechte Argumentation.

[31] Vgl. Lintner, Von Humanae vitae bis Amoris laetitia.

[32] Zweites Vatikanisches Konzil, Gaudium et spes 49.

[33] „Diese Liebe wird durch das eigentliche Werk der Ehe in einzigartiger Weise ausgedrückt und vervollkommnet. Die Akte, in denen sich die Eheleute innigst und keusch miteinander vereinen, sind daher wertvoll und würdig und verdeutlichen und fördern, auf eine wahrhaft menschliche Weise ausgeübt, das gegenseitige Sichverschenken, durch das sie sich wechselweise mit frohem und dankbarem Herzen bereichern" (ebd.).

[34] Vgl. ebd. 51, Fußnote 14; vgl. zum Thema (europäischer) Katholizismus und Empfängnisverhütung Harris (Hg.), Schism of '68.

[35] Kaufmann, Zukunft der Familie, 98. „Lediglich mit Bezug auf die absichtliche Unterbrechung von Schwangerschaften bleiben rechtliche Einschränkungen sowie moralische und psychohygienische Einwände bestehen, da diese Form der Geburtenkontrolle in Konflikt mit einer moralischen Grundnorm unserer Gesellschaft, dem Schutz des menschlichen Lebens steht" (ebd.).

[36] Paul VI., Humanae vitae 12: „Diese vom kirchlichen Lehramt oft dargelegte Lehre gründet in einer von Gott bestimmten unlösbaren Verknüpfung der beiden Sinngehalte – liebende Vereinigung und Fortpflanzung –, die beide dem ehelichen Akt innewohnen. Diese Verknüpfung darf der Mensch nicht eigenmächtig auflösen. Seiner innersten Struktur nach befähigt der eheliche Akt, indem er den Gatten und die Gattin aufs engste miteinander vereint, zugleich zur Zeugung neuen Lebens, entsprechend den Gesetzen, die in die Natur des Mannes und der Frau eingeschrieben sind. Wenn die beiden wesentlichen Gesichtspunkte der liebenden Vereinigung und der Fortpflanzung beachtet werden, behält der Verkehr in der Ehe voll und ganz den Sinngehalt gegenseitiger und wahrer Liebe, und seine Hinordnung auf die erhabene Aufgabe der Elternschaft, zu der der Mensch berufen ist."

[37] Vgl. zuletzt Barberi/Selling, Origin of *Humanae Vitae*.

[38] Paul VI., Humanae vitae 12.

[39] Vgl. Goertz, Moralische Wahrheit und biologische Gesetze.

[40] Schockenhoff, „Theologie des Leibes", 130; vgl. schon die Kritik von Böckle, „Humanae vitae". Zu den verschiedenen Verhältnisbestimmungen von „Person und Natur" in der Moraltheologie des 20. Jahrhunderts vgl. auch Grabowski, Person or Nature?

[41] In „Liebe und Verantwortung" schreibt Wojtyła, dass es Ziel seiner Überlegungen sei, die Inhalte der katholischen Sexual- und Ehemoral in einer Form zu begründen, die „möglichst endgültig ist und auf den elementarsten, unbestrittenen moralischen Wahrheiten sowie auf den grundlegendsten Werten und Gütern aufbaut" (10).

[42] Kaufmann, Zukunft der Familie, 44.

[43] Vgl. Gruber, Christliche Ehe, 207–210.

7. Homosexualität

[1] Vgl. zum Folgenden Goertz (Hg.), „Wer bin ich, ihn zu verurteilen?"; Ders., Auf dem Weg zur Akzeptanz?; Beattie Jung/Coray (Hg.), Sexual Diversity and Catholicism. Als guter Überblick: Siker, Homosexuality.

[2] Wörtlich sagte Franziskus am 28. Juli 2013 auf dem Rückflug von Rio de Janeiro nach Rom: „Wenn einer Gay ist und den Herrn sucht und guten Willen hat – wer bin ich, ihn zu verurteilen (*ma chi sono io per giudicarla*)?" Vgl. auch seine Äußerung in Antonio Spadaro, Das Interview mit Papst Franziskus, Freiburg i. Br. 2013, 49f.

[3] Kongregation für das Katholische Bildungswesen, Instruktion, Nr. 2 (Auszug); aufgegriffen und zitiert in: Kongregation für den Klerus, Geschenk der Berufung zum Priestertum, Nr. 199ff.

[4] Vgl. Dreßing et al., Sexueller Missbrauch an Minderjährigen, 128f.

[5] Katechismus der Katholischen Kirche Nr. 2357.

[6] Vgl. Brinkschröder, Sodom. Zu den alttestamentlichen Aussagen zur gleichgeschlechtlichen Sexualität vgl. Hieke, Kennt und verurteilt das Alte Testament Homosexualität? Sowie zur „Sünde Sodoms" kompakt Wolbert, Barmherzigkeit oder Gerechtigkeit?, 15–23.

[7] Vgl. Trauner, Homosexualität im Alten Testament.

[8] So argumentiert auch Platon (Nomoi VIII, 836d): Gleichgeschlechtliche Sexualpraktiken unter Männern untergrüben die Bürgertugenden der Besonnenheit und Tapferkeit. „Wird nicht jedermann die Schlaffheit dessen rügen, der den Lüsten nachgibt und zur Standfähigkeit unfähig ist, und wird an dem, den es zur Nachahmung des weiblichen Geschlechts drängt, die Ähnlichkeit des Abbilds tadeln, *zu dem er sich macht?*"

[9] Vgl. dazu Breitsameter/Goertz (Hg.), Bibel und Moral.

[10] Theobald, Paulus und die Gleichgeschlechtlichkeit, 72; vgl. Röhser, Neues Testament und Homosexualität; Ebner, Verbietet das NT „Homosexualität"?

[11] Katechismus der Katholischen Kirche Nr. 2357.

[12] Bosinski, Normvariante menschlicher Beziehungsfähigkeit.

[13] Habermas, Glauben und Wissen, 15.

[14] Vgl. aus globaler Perspektive Altman/Symons, Queer Wars.

[15] Thomas von Aquin, Summa contra gentiles I-III, 3, c. 81.

[16] Vgl. Pasero/Weinbach (Hg.), Frauen, Männer, Gender Trouble.

[17] Habermas, Glauben und Wissen, 14.

[18] Bonhoeffer, Berlin 1932–1933, 265; vgl. Goertz, Nicht von der Welt?

[19] Zweites Vatikanisches Konzil, Gaudium et spes 36.

8. Menschenwürdige Sexualität

[1] Cicero, De natura Deorum II, 140.

[2] Vgl. Bruch, Die Würde des Menschen.

[3] Vgl. ebd. 12; mit Hinweis auf Tertullian, De resurrectione carnis II (PL 2, 796–798).

[4] Vgl. Brandhorst/Weber-Guskar (Hg.), Menschenwürde.

[5] Vgl. Schockenhoff, Schatten des Augustinus.

[6] Vgl. Augustinus, De vera religione III, 4.

[7] Augustinus, Soliloquia 1, 7.

[8] Ebd. 1, 10.

[9] Thomas zitiert die Stelle aus den Soliloquia unter anderem in seiner Summa Theologiae II-II, q. 151.

[10] Johannes Paul II., Familiaris consortio 16.

[11] Foucault, Geständnisse des Fleisches, 428.

[12] Augustinus, De bono coniugali XI, 12.

[13] Katechismus der Katholischen Kirche Nr. 2353.

[14] Augustinus, De nuptiis et concupiscentia I, XII, 13.

[15] Zweites Vatikanisches Konzil, Gaudium et spes 49.

[16] Henrich, Ethik der Autonomie, 34.

[17] Kant, Pädagogik, 489.

[18] Kant, Metaphysik der Sitten, 237.

[19] Siep, Naturrecht und Bioethik, 295.

[20] Vgl. Goertz, „Freiheit? Welche Freiheit?"

[21] Vgl. Plessner, Stufen des Organischen.

[22] Vgl. Schockenhoff, „Theologie des Leibes".

[23] Wojtyła, Zeichen des Widerspruchs, 146.

[24] Vgl. Goertz, Sexueller Missbrauch und katholische Sexualmoral.

9. Wozu verpflichtet Liebe?

[1] Vgl. Frankfurt, Gründe der Liebe, 44.

[2] Vgl. Quante, Wirklichkeit des Geistes, 238–242: Das Selbstbewusstsein muss sich als identisch mit seinem Bezugsobjekt begreifen, sonst läge ja kein Selbstbewusstsein vor; zugleich muss die Aufhebung der Selbstständigkeit des Bezugsobjekts mit der Überwindung eines Widerstands, in dem sich die Gegenständlichkeit oder Selbstständigkeit des Gegenstandes zeigt, verbunden sein. Der aufzuhebende Gegenstand des Selbstbewusstseins muss, einfacher formuliert, gleichartig, das heißt ebenfalls ein Selbstbewusstsein, sein. Weil jedoch Autonomie zum Wesen der erstpersönlichen Selbstbezugnahme gehört, darf die durch die Begierde erfolgende Negation der Selbstständigkeit des Gegenstandes kein äußerer Ein- oder Übergriff sein. Der Bezugsgegenstand muss deshalb als ein Selbstbewusstsein erkannt und anerkannt werden, und er muss die erforderliche Negation autonom, das heißt an sich selbst vollziehen.

[3] Brandom, Wiedererinnerter Idealismus, 282.

[4] Was Kant als transzendentale Konstitution versteht, konzipiert Hegel als soziale Institution. Wir werden die Begriffe „Anerkennung" und „Achtung" im Folgenden synonym verwenden. Wo wir uns eher auf Hegel beziehen, sprechen wir von Anerkennung, wo wir uns an Kant orientieren, von Achtung.

[5] Deshalb kann erwartet werden, dass ein Bedürfnis auch erfüllt werden darf (vorausgesetzt natürlich, dass es auch erfüllt werden kann), sofern es

aus einem Begehren hervorgeht, das sich auf „etwas" richtet, das nicht „jemand" ist, also auf eine Sache. Ein Bedürfnis hingegen, das auf ein Begehren verweist, das sich auf „etwas" richtet, das „jemand" ist, also auf eine Person, kann nur erwarten, dass es erwidert und so erfüllt wird, wenn eine Person dieses Begehren auch erwidern will.

[6] Vgl. Singer, The Nature of Love, 5: „Individual and objective value depend upon an object's ability to satisfy prior interests – the needs, the desires, the wants, or whatever it is that motivates us toward one object and not another. Bestowed value is different. It is created by the affirmative relationship itself, by the very act of responding favorably, giving an object emotional and pervasive importance regardless of its capacity to satisfy interests."

[7] Vgl. de Sousa, Rationalität des Gefühls, 350, 356.

[8] Diese Darstellung folgt Kuster, Verdinglichung und Menschenwürde, 335–349.

[9] Zu einer konstruktivistischen Interpretation Kants vgl. Esser, Ethik für Endliche, 217–219.

[10] Vgl. Benjamin, Fesseln der Liebe, 53–55. Zu bestimmen bliebe dann, wie pathologische von nichtpathologischen (und das hieße in normativer Hinsicht vermutlich: nichtautonomen) Formen sexuell basierter Beziehungen unterschieden werden können.

[11] Zunächst vertritt Delaney, Romantische Liebe, 105–140, der diese Unterscheidung diskutiert, die Vorstellung, eine Person wolle *aufgrund* von Eigenschaften geliebt werden, die für ihr Selbstverständnis zentral sind. Doch was ist, wenn die geliebte Person dieses Urteil nicht teilt, ja nicht teilen kann, nämlich ihrer Liebe wegen? Verräterisch ist die dann folgende Wendung, eine Person wolle aus den *richtigen Gründen* heraus geliebt werden. Ist es freilich nicht Kennzeichen der Liebe, auch guten Gründen nicht gehorchen zu müssen? Die Liebe kennt keine Gründe. Daher lässt sich die Liebe selbst nicht normieren, normieren lassen sich nur Anerkennungs- und Achtungsbedingungen, die jede Liebe unabweisbar in Anspruch nimmt. Man könnte nun bestimmen, dass man zwar selbst grundlos liebe, aber aus Gründen, die man selbst für zentral hält, geliebt werden wolle. Man würde dann jedoch nicht die Liebe (die eigene wie die der geliebten Person) lieben, was offenbar Kennzeichen der romantischen oder sinnlichen Liebe ist. Delaney bindet bezeichnenderweise romantische und freundschaftliche Liebe eng aneinander, doch bleiben beide Formen, auch wenn sie gleichsam zusammenwachsen, unterscheidbar.

[12] Vgl. Žižek, Die Puppe und der Zwerg, 19–21.

[13] Damit müssen wir auch die Aussage zur romantischen Liebe, die über den Tod hinaus besteht (siehe Kapitel 1), korrigieren: Sie hat als unverfüg-

bar, nicht als unauflösbar zu gelten. Der Anspruch der Liebenden richtet sich allerdings auf die Unauflösbarkeit ihrer Liebe.

[14] Zitat aus Gersdorff, Lebe der Liebe und liebe das Leben, 119, gefunden bei Neumann, Lektüren der Liebe, 24.

Literaturverzeichnis

Adam, August, Der Primat der Liebe. Eine Untersuchung über die Einordnung der Sexualmoral in das Sittengesetz, Kevelaer [3]1939.

Allard, Henri A. J., Die eheliche Lebens- und Liebesgemeinschaft nach Hugo von St. Viktor, Rom 1963.

Altman, Dennis/Symons, Jonathan, Queer Wars. Erfolge und Bedrohungen einer globalen Bewegung, Bonn 2018.

Angenendt, Arnold, „Mit reinen Händen". Das Motiv der kultischen Reinheit in der abendländischen Askese, in: Ders., Liturgie im Mittelalter, hg. von Thomas Flammer/Daniel Meyer, Münster [2]2005, 245–267.

Angenendt, Arnold, Ehe, Liebe und Sexualität im Christentum. Von den Anfängen bis heute, Münster 2015.

Arndt, Martin, Reinheit/Reinigung, II. Antike, 1. Griechische Antike; III. ‚Neues Testament‘, Gnosis, Neuplatonismus, Patristik, in: HWP Bd. 8 (Sonderausgabe Darmstadt 2019), 533–537.

Atkinson, Clarissa, The Oldest Vacation: Christian Motherhood in the Middle Ages, Ithaca (NY) 1991.

Augustinus, *Contra duas epistulas Pelagianorum* (CSEL 60, 423–570).

Augustinus, *Contra Faustum Manicheum* (CSEL 25[1], 251–797), dt. Ausgabe: Augustinus Opera – Werke, Bd. 21/1–5, hg. von Bernhard Neuschäfer, Paderborn 2022ff. (angekündigt).

Augustinus, *Contra Iulianum* (PL 44, 641–874).

Augustinus, *Contra Iulianum opus imperfectum* (CSEL 85/2).

Augustinus, *De bono coniugali* (CSEL 41, 187–231), dt. Ausgabe: Sankt Augustinus, der Seelsorger: Gesamtausgabe seiner moraltheologischen Schriften, übers. von Anton Amxsein, Würzburg 1949, 1–44.

Augustinus, *De civitate Dei* (CChr.SL 47/48).

Augustinus, *De Genesi ad litteram liber imperfectus, De Genesi ad litteram, Locutiones in Heptateuchum* (CSEL 28/1, 1–435).

Augustinus, *De moribus ecclesiae Catholicae et de moribus Manicheorum* (CSEL 90, 3–156); dt. Ausgabe: Augustinus Opera – Werke, Bd. 25, hg. von Elke Rutzenhöfer, Paderborn 2006.

Augustinus, *De nuptiis et concupiscentia* (CSEL 42, 211–319), dt. Ausgabe: Sankt Augustinus, der Lehrer der Gnade: Gesamtausgabe seiner antipelagianischen Schriften, übers. von Anton Fingerle, Würzburg 1977, 75–166.

Augustinus, *De vera religione* (CCL 32, 187–260), dt. Ausgabe: Augustinus Opera – Werke, Bd. 68, hg. von Josef Lössl, Paderborn 2007.

Augustinus, *Soliloquia* (CSEL 89, 3–98), dt. Ausgabe: Sammlung Tusculum, übers. von Hanspeter Müller, Düsseldorf [3]2002.

Badinter, Elisabeth, Myth of Motherhood, London 1981.

Barberi, Michael J./Selling, Joseph A., The Origin of *Humanae Vitae* and the Impasse in Fundamental Theological Ethics, in: Louvain Studies 37 (2013) 364–389.

Beattie Jung, Patricia/Coray, Joseph Andrew (Hg.), Sexual Diversity and Catholicism. Toward the Development of Moral Theology, Collegeville (PA) 2001.

Benedikt XVI., Ansprache an die Teilnehmer an dem von der Päpstlichen Lateranuniversität veranstalteten internationalen Kongress über das natürliche Sittengesetz vom 12.02.2007, in: AAS 99 (2007) 243–246.

Benjamin, Jessica, Die Fesseln der Liebe. Psychoanalyse, Feminismus und das Problem der Macht, Basel/Frankfurt a. M. 1990.

Berger, Peter L./Luckmann, Thomas, Die gesellschaftliche Konstruktion der Wirklichkeit, Frankfurt a. M. 1980.

Böckle, Franz, „Humanae vitae" und die philosophische Anthropologie Karol Wojtyłas, in: Herder Korrespondenz 43 (1989) 374–380.

Bonhoeffer, Dietrich, Berlin 1932–1933, Werkausgabe Bd. 12, hg. von Carsten Nicolaisen/Ernst-Albert Scharffenorth, Gütersloh 1997.

Borscheid, Peter, Geld und Liebe. Zu den Auswirkungen des Romantischen auf die Partnerwahl im 19. Jahrhundert, in: Peter Borscheid/Hans J. Teuteberg (Hg.), Ehe, Liebe, Tod. Studien zur Geschichte des Alltags, Münster 1983, 112–134.

Bosinski, Hartmut A. G., Eine Normvariante menschlicher Beziehungsfähigkeit. Homosexualität aus Sicht der Sexualmedizin, in: Stephan Goertz (Hg.), „Wer bin ich, ihn zu verurteilen?", Freiburg i. Br. 2015, 91–130.

Brandhorst, Mario/Weber-Guskar, Eva (Hg.), Menschenwürde. Eine philosophische Debatte über die Dimensionen ihrer Kontingenz, Berlin 2017.

Brandom, Robert B., Wiedererinnerter Idealismus, Frankfurt a. M. 2015.

Breitsameter, Christof, Liebe – Formen und Normen, Freiburg i. Br. 2017.

Breitsameter, Christof, Menschliche Sexualität zwischen Natur und Kultur, in: Konrad Hilpert/Sigrid Müller (Hg.), Humanae vitae – die anstößige Enzyklika. Eine kritische Würdigung, Freiburg i. Br. 2018, 373–387.

Breitsameter, Christof/Goertz, Stephan (Hg.), Bibel und Moral – ethische und exegetische Zugänge (Jahrbuch für Moraltheologie 2), Freiburg i. Br. 2018.

Briggs, Asa, Social History of England, New York 1984.

Brinkschröder, Michael, Sodom als Symptom. Gleichgeschlechtliche Sexualität im christlichen Imaginären – eine religionsgeschichtliche Anamnese, Berlin/New York 2006.

Brown, Peter, Die Keuschheit der Engel. Sexuelle Entsagung, Askese und Körperlichkeit am Anfang des Christentums, München 1991.

Brown, Peter, Augustine of Hippo, Berkeley (CA) [2]2000.

Bruch, Richard, Die Würde des Menschen in der patristischen und scholastischen Tradition, in: Ders., Person und Menschenwürde. Ethik im lehrgeschichtlichen Rückblick, Münster 1998, 9–29.

Brundage, James A., Carnal Delight: Canonistic Theories of Sexuality, in: Stephan Kuttner/Kenneth Pennington (Hg.), Proceedings of the Fifth International Congress of Medieval Canon Law (Monumenta Iuris Canonici – Series C: Subsidia, Vol. 6), Città del Vaticano 1980, 361–385.

Brundage, James A., Law, Sex, and Christian Society in Medieval Europe, Chicago (IL)/London 1987.

Burschel, Peter/Marx, Christoph (Hg.), Reinheit (Veröffentlichungen des Instituts für Historische Anthropologie 12), Wien/Köln/Weimar 2011.

Cicero, De natura Deorum/Über das Wesen der Götter, dt.-lat. Ausgabe und Übersetzung von Olof Gigon und Laila Straume-Zimmermann (Sammlung Tusculum), Darmstadt 1996.

Clemens von Alexandrien, Paidagogos (GCS 12, 87–292), dt. Ausgabe: Bibliothek der Kirchenväter, 2. Reihe, Bd. 8, übers. von Otto Stählin, München 1934.

Countryman, Louis William, Dirt, Greed, and Sex. Sexual Ethics in the New Testament and Their Implications for Today, revidierte Ausgabe, Minneapolis (MN) 2007.

Dally, Ann, Inventing Motherhood, London 1982.

Delaney, Neil, Romantische Liebe und Verpflichtung aus Liebe. Die Artikulierung eines modernen Ideals, in: Axel Honneth/Beate Rössler (Hg.), Von Person zu Person. Zur Moralität persönlicher Beziehungen, Frankfurt a. M. 2008, 105–140.

Dixon, Suzanne, The Roman Family, Baltimore (MD)/London 1992.

Doms, Herbert, Vom Sinn und Zweck der Ehe, Breslau 1935.

Dreßing, Harald et al., Sexueller Missbrauch an Minderjährigen durch katholische Priester, Diakone und männliche Ordensangehörige im Bereich der Deutschen Bischofskonferenz, Mannheim/Heidelberg/Gießen 2018.

Duby, Georges, Ritter, Frau und Priester. Die Ehe im feudalen Frankreich, Frankfurt a. M. [2]1986.

Duval, Yves-Marie, La décrétale *Ad Gallos Episcopos*: son texte et son auteur (SVigChr 73), Leiden/Boston (MA) 2005.

Ebner, Martin, Verbietet das NT „Homosexualität“? in: Lebendige Seelsorge 70 (2019) 55–60.

Esser, Andrea Marlen, Eine Ethik für Endliche. Kants Tugendlehre in der Gegenwart, Stuttgart 2004.

Ferdinand, Ursula, Geburtenrückgangstheorien und „Geburtenrückgangs-Gespenster“ 1900–1930, in: Josef Ehmer et al. (Hg.), Herausforderung Bevölkerung. Zu Entwicklungen des modernen Denkens über die Bevölkerung vor, im und nach dem „Dritten Reich“, Wiesbaden 2007, 77–98.

Fichte, Johann Gottlieb, Grundlage des Naturrechts (1796), in: Werke Bd. 2, Darmstadt 1962.

Forschner, Maximilian, Die stoische Ethik. Über den Zusammenhang von Natur-, Sprach- und Moralphilosophie im altstoischen System, Darmstadt 2005.

Foucault, Michel, Der Gebrauch der Lüste. Sexualität und Wahrheit 2, Frankfurt a. M. 1989.

Foucault, Michel, Die Geständnisse des Fleisches. Sexualität und Wahrheit 4, Berlin 2019.

Fox, Robin Lane, Augustinus. Bekenntnisse und Bekehrungen im Leben eines antiken Menschen, Stuttgart 2017.

Frankfurt, Harry G., Gründe der Liebe, Frankfurt a. M. 2005.

Franziskus, Nachsynodales Apostolisches Schreiben *Amoris laetitia* (2016), in: AAS 108 (2016) 311–446; dt. Übersetzung: Verlautbarungen des Apostolischen Stuhls 204, hg. vom Sekretariat der Deutschen Bischofkonferenz, Bonn 2016.

Frenschkowski, Marco, Kennt Paulus ein Naturrecht? in: Heike Omerzu/ Eckart David Schmidt (Hg.), Petrus und Paulus, Leipzig 2016, 161–184.

Frier, Bruce W., Demography, in: Alan K. Bowman/Peter Garnsey/Dominic Rathbone (Hg.), The Cambridge Ancient History, Volume XI. The High Empire, A. D. 70–192, Cambridge (MA) 2000, 787–816.

Früchtel, Edgar, Klemens von Alexandrien, in: LThK[3] Bd. 6 (1997) 126–127.

Fuchs, Josef, Die Sexualethik des Heiligen Thomas von Aquin, Köln 1949.

Fuchs, Peter, Die kleinen Verschiebungen. Zur romantischen Codierung von Intimität, in: Walter Hinderer (Hg.), Codierungen von Liebe in der Kunstperiode, Würzburg 1997, 49–62.

Funke, Hermann, Liebe als Krankheit in der griechischen und römischen Antike, in: Theo Stemmler (Hg.), Liebe als Krankheit, Tübingen 1990, 11–30.

Gabriel, Karl, Christentum zwischen Tradition und Postmoderne (QD 141), Freiburg i. Br. [4]1994.

Geerlings, Wilhelm, Die Entstehung der christlichen Sexualmoral. Befreiende Askese oder Repression?, in: Gerhard Binder/Bernd Effe (Hg.), Liebe und Leidenschaft. Historische Aspekte von Erotik und Sexualität, Trier 1993, 105–122.

Gersdorff, Dagmar von (Hg.), Lebe der Liebe und liebe das Leben. Der Briefwechsel von Clemens Brentano und Sophie Mereau, Frankfurt a. M. 1981.

Giddens, Anthony, Wandel der Intimität. Sexualität, Liebe und Erotik in modernen Gesellschaften, Frankfurt a. M. 1993.

Gillis, John R., A World of Their Own Making. A History of Myth and Ritual in Family Life, Oxford 1997.

Gillis, John R., For Better, For Worse. British Marriages, 1600 to the Present, Oxford 1985.

Goertz, Stephan (Hg.), „Wer bin ich, ihn zu verurteilen?" Homosexualität und katholische Kirche (Katholizismus im Umbruch 3), Freiburg i. Br. 2015.

Goertz, Stephan, Moralische Wahrheit und biologische Gesetze. Wie die Enzyklika Humanae vitae die Rezeption ihrer Ehemoral verhindert hat, in: Konrad Hilpert/Sigrid Müller (Hg.), Humanae vitae – die anstößige Enzyklika. Eine kritische Würdigung, Freiburg i. Br. 2018, 38–60.

Goertz, Stephan, Auf dem Weg zur Akzeptanz? Katholisch-theologische Entwicklungen und Zwiespalte in der Bewertung von Homosexualität, in: Eberhard Schockenhoff (Hg.), Liebe, Sexualität und Partnerschaft. Die Lebensformen von Intimität im Wandel, München 2019, 105–130.

Goertz, Stephan, Nicht von der Welt? Theologische Kritik einer hinterweltlerischen Moral, in: Johanna Rahner/Thomas Söding (Hg.), Kirche und Welt – ein notwendiger Dialog. Stimmen katholischer Theologie (QD 300), Freiburg i. Br. 2019, 362–371.

Goertz, Stephan, Sexueller Missbrauch und katholische Sexualmoral. Mutmaßliche Zusammenhänge, in: Magnus Striet/Rita Werden (Hg.), Unheilige Theologie! Analysen angesichts sexueller Gewalt gegen Minderjährige durch Priester (Katholizismus im Umbruch 9), Freiburg i. Br. 2019, 106–139.

Goertz, Stephan, „Freiheit? Welche Freiheit?" Der eigentümliche Kampf von Johannes Paul II. um die Würde der menschlichen Person, in: Stephan Goertz/Magnus Striet (Hg.), Johannes Paul II. – Vermächtnis und Hypothek eines Pontifikats, Freiburg i. Br. 2020, 85–113.

Goertz, Stephan/Witting, Caroline (Hg.), Amoris Laetitia – Wendepunkt für die Moraltheologie? (Katholizismus im Umbruch 4), Freiburg i. Br. 2016.

Goertz, Stephan/Striet, Magnus (Hg.), Johannes Paul II. – Vermächtnis und Hypothek eines Pontifikats (Katholizismus im Umbruch 12), Freiburg i. Br. 2020.

Goody, Jack, Die Entwicklung von Ehe und Familie in Europa, Berlin 1986.

Grabowski, John S., Person or Nature? Rival Personalism in 20th Century Catholic Sexual Ethics, in: Studia Moralia 35 (1997) 283–312.

Gruber, Hans-Günter, Christliche Ehe in moderner Gesellschaft, Freiburg i. Br. 1995.

Habermas, Jürgen, Glauben und Wissen, Frankfurt a. M. 2001.

Habermas, Rebekka, Bürgerliche Kleinfamilie – Liebesheirat, in: Richard van Dülmen (Hg.), Entdeckung des Ichs, Wien 2001, 287–310.

Hahn, Alois/Hoffmann, Matthias, Selbsttötung als Selbstsorge, in: Merkur 66 (2012) 550–557.

Harper, Kyle, From Shame to Sin. The Christian Transformation of Sexual Morality in Late Antiquity, Cambridge (MA)/London 2013.

Harris, Alana (Hg.), The Schism of '68. Catholicism, Contraception and „Humanae Vitae" in Europe, 1945–1975, London 2018.

Heimerl, Theresia, Andere Wesen. Frauen in der Kirche, Wien/Graz/Klagenfurt 2015.

Henrich, Dieter, Ethik der Autonomie, in: Ders., Selbstverhältnisse, Stuttgart 1982.

Hieke, Thomas, Levitikus. Erster Teilband: 1–15 (HThKAT), Freiburg i. Br. 2014.

Hieke, Thomas, Kennt und verurteilt das Alte Testament Homosexualität? in: Stephan Goertz (Hg.), „Wer bin ich, ihn zu verurteilen?", Freiburg i. Br. 2015, 19–52.

Hildebrand, Dietrich von, Reinheit und Jungfräulichkeit, München 1933 ([1]1927).

Horowitz, Louise, Love and Language: A Study of the Classical French Moralist Writers, Columbus (OH) 1977.

Hughes, D. Owen, From Brideprice to Dowry in Mediterranean Europe, in: Journal of Family History 3 (1978) 262–296.

Hunter, David G., Augustine on the Body, in: Mark Vessey (Hg.), A Companion to Augustine, Oxford 2012, 353–364.

Hunter, David G., Marriage, Celibacy, and Heresy in Ancient Christianity: The Jovinianist Controversy, Oxford/New York 2007.

Isidor von Sevilla, *Etymologiae*, dt. Ausgabe und Übersetzung von Lenelotte Möller, Wiesbaden 2008.

Joas, Hans, Die Sakralität der Person. Eine neue Genealogie der Menschenrechte, Berlin 2011.

Johannes Paul II., Apostolisches Schreiben *Familiaris consortio* (1981), in: AAS 74 (1982) 92–149; dt. Übersetzung: Verlautbarungen des Apostolischen Stuhls 33, hg. vom Sekretariat der Deutschen Bischofkonferenz, Bonn 1981.

Kablitz, Andreas, Inkarnation. Überlegungen zur Konstitution eines Kulturmusters (Novum Testamentum – Dante: Vita nova, Commedia), in: Gerhard Neumann/Rainer Warning (Hg.), Transgressionen. Literatur als Ethnographie, Freiburg i. Br. 2003, 39–79.

Kamper, Dietmar/Wulf, Christof (Hg.), Die Wiederkehr des Körpers, Frankfurt a. M. 1982.

Kant, Immanuel, Die Metaphysik der Sitten, AA 6, Berlin 1914, 203–493.

Kant, Immanuel, Pädagogik, AA 9, Berlin/Leipzig 1923, 437–499.

Katechismus der Katholischen Kirche (1992), Città del Vaticano 1997; dt. aktualisierte Übersetzung, Oldenbourg 2020.

Kaufmann, Franz-Xaver, Zukunft der Familie im vereinten Deutschland. Gesellschaftliche und politische Bedingungen, München 1995.

Keel, Othmar, Das Hohelied, Zürich 1992.

Kohl, Karl-Heinz, Gelenkte Gefühle: Vorschriftsheirat, romantische Liebe und Determinanten der Partnerwahl, in: Heinrich Meier/Gerhard Neumann (Hg.), Über die Liebe. Ein Symposion, München [4]2010, 113–137.

Kongregation für das Katholische Bildungswesen, Instruktion über Kriterien zur Berufungsklärung von Personen mit homosexuellen Tendenzen im Hinblick auf ihre Zulassung für das Priesteramt und zu den heiligen Weihen (2005), in: AAS 97 (2005) 1007–1013; dt. Übersetzung: Verlautbarungen des Apostolischen Stuhls 170, hg. vom Sekretariat der Deutschen Bischofskonferenz, Bonn 2005.

Kongregation für den Klerus, Ratio Fundamentalis Institutionis sacerdotalis (Das Geschenk der Berufung zum Priestertum), Città del Vaticano 2016; dt. Übersetzung: Verlautbarungen des Apostolischen Stuhls 209, hg. vom Sekretariat der Deutschen Bischofskonferenz, Bonn 2017.

Kongregation für die Glaubenslehre, Erklärung *Persona humana* (1975), in: AAS 67 (1975) 78–86; dt. Übersetzung: Verlautbarungen des Apostolischen Stuhls 1, hg. vom Sekretariat der Deutschen Bischofskonferenz, Bonn o. J.

Kuster, Friederike, Verdinglichung und Menschenwürde. Kants Eherecht und das Recht der häuslichen Gemeinschaft, in: Kant-Studien 102 (2011) 335–349.

Lacey, Walter Kirkpatrick, The Family in Classical Greece, Ithaca (NY) 1968.

Lätheenmäki, Olivi, Sexus und Ehe bei Luther, Turku 1955.

Langlois, Claude, Le crimen d'Onan. Le discours catholique sur la limitation des naissances (1816–1930), Paris 2005.

Leo IX., Brief *Ad splendidum nitentis* an Petrus Damiani, i. J. 1054 (DH 687f.).

Lepp, Ignace, Feinde der Liebe, in: Magnum Nr. 31, August 1960, 28–29.

Lintner, Martin M., Von Humanae vitae bis Amoris laetitia. Die Geschichte einer umstrittenen Lehre, Innsbruck/Wien 2018.

Lipp, Carola, Sexualität und Heirat, in: Wolfgang Ruppert (Hg.), Die Arbeiter. Lebensformen, Alltag und Kultur, München 1986.

Luhmann, Niklas, Liebe als Passion. Zur Codierung von Intimität, Frankfurt a. M. 1994.

Luhmann, Niklas, Liebe. Eine Übung, Frankfurt a. M. 2008.

Lutterbach, Hubertus, Sexualität im Mittelalter. Eine Kulturstudie anhand von Bußbüchern des 6. bis 12. Jahrhunderts, Köln 1999.

Lutterbach, Hubertus, Die christliche Abwertung der Sexualität – eine Kontinuitätsgeschichte der Menschenferne?, in: Michael Felder/Jörg Schwaratzki (Hg.), Glaubwürdigkeit der Kirche. Würde der Glaubenden (FS Leo Karrer), Freiburg i. Br. 2012, 265–276.

Marc Aurel, Selbstbetrachtungen, dt. Übersetzung von Albert Wittstock, Stuttgart 2017 ([1]1949).

Mitterauer, Michael, A History of Youth, Oxford 1992.

Mitterauer, Michael/Sieder, Reinhard, The European Family. Patriarchy to Partnership from the Middle Ages to the Present, Oxford 1982.

Müller, Michael, Die Lehre des hl. Augustinus von der Paradiesehe und ihre Auswirkung in der Sexualethik des 12. und 13. Jahrhunderts bis Thomas von Aquin. Eine moralgeschichtliche Untersuchung, Regensburg 1954.

Mutz, Franz Xaver, Die moderne und die christliche Anschauung über die Keuschheit, in: Joseph Mausbach et al., Moralprobleme. Vorträge auf dem III. theologischen Hochschulkurs zu Freiburg im Breisgau im Oktober 1910, Freiburg i. Br. 1911, 263–282.

Neumann, Gerhard, „Ich bin gebildet genug, um zu lieben und zu trauern." Die Erziehung zur Liebe in Goethes Wilhelm Meister, in: Titus Heydenreich/Egert Pöhlmann (Hg.), Liebesroman und Liebe im Roman, Erlangen 1987, 41–82.

Neumann, Gerhard, Lektüren der Liebe, in: Heinrich Meier/Gerhard Neumann (Hg.), Über die Liebe. Ein Symposion, München/Zürich 2001, 9–79.

Nisula, Timo, Augustine and the Functions of Concupiscence, Leiden/Boston (MA) 2012.

Noomen, Willem/Gosman, Martin (Hg.), Non nova, sed nove: mélanges de civilisation médiéval, Groningen 1984.

Noonan, John T., Contraception. A History of Its Treatment by the Catholic Theologians and Canonists, Cambridge 1965.

Noonan, John T., Empfängnisverhütung. Geschichte ihrer Beurteilung in der katholischen Theologie und im kanonischen Recht, Mainz 1969.

Otto, Eckart, Theologische Ethik des Alten Testaments, Stuttgart/Berlin/Köln 1994.

Otto, Eckart, Kontinuum und Proprium. Studien zur Sozial- und Rechtsgeschichte des Alten Orients und des Alten Testaments, Wiesbaden 1996.

Pacelli, Eugenio, Die Lage der Kirche in Deutschland, hg. von Hubert Wolf/Klaus Unterburger, Paderborn u. a. 2006.

Parkin, Robert, Kinship. An Introduction to the Basic Concepts, Oxford 1997.

Pasero, Ursula/Weinbach, Christine (Hg.), Frauen, Männer, Gender Trouble. Systemtheoretische Essays, Frankfurt a. M. 2003.

Paul VI., Enzyklika *Humanae vitae* (1968), in: AAS 60 (1968) 486–492; dt. Übersetzung: Herder-Korrespondenz 22 (1968) 418–424.

Peuckert, Rüdiger, Familienformen im sozialen Wandel, Wiesbaden [9]2019.

Pius IX., Enzyklika *Qui pluribus* (1846) (DH 2775–2785).

Pius XI., Enzyklika *Casti connubii* (1930), in: AAS 32 (1930) 539–592; authentische dt. Übersetzung, Luzern 1945.

Pius XII., Ansprache an die Mitglieder des Verbandes katholischer Hebammen Italiens vom 29.10.1951, in: AAS 43 (1951) 835–854; dt. Übersetzung: Arthur-Fridolin Utz/Joseph-Fulko Groner, Aufbau und Entfaltung des gesellschaftlichen Lebens. Soziale Summe Pius XII., Bd. 1, Freiburg/Schweiz 1954, Nr. 1054–1102.

Plessner, Helmuth, Die Stufen des Organischen und der Mensch (1928),

Gesammelte Schriften IV, hg. von Günter Dux et al., Frankfurt a. M. 1981.

Quante, Michael, Die Wirklichkeit des Geistes. Studien zu Hegel, Frankfurt a. M. 2011.

Rahner, Karl, Über schlechte Argumentation in der Moraltheologie, in: Henri Boellaars/Réal Tremblay (Hg.), In libertatem vocati estis (Gal 5,13), Rom 1977, 245–257 (Sämtliche Werke Bd. 30, 30–40).

Röhser, Günter, Neues Testament und Homosexualität, in: Jochen Schmidt (Hg.), Religion und Sexualität, Würzburg 2016, 47–67.

Rosenbaum, Heidi, Formen der Familie. Untersuchungen zum Zusammenhang von Familienverhältnissen, Sozialstruktur und sozialem Wandel in der deutschen Gesellschaft des 19. Jahrhunderts, Frankfurt a. M. 1982.

Rothmann, Ellen, Hearts and Hands: A History of Courtship in America, Cambridge (MA) 1987.

Ryan, Mary, The Cradle of the Middle Class, Cambridge (MA) 1981.

Schnell, Rüdiger, Literatur als Korrektiv sozialer Realität. Zur Eheschließung in mittelalterlichen Dichtungen, in: Willem Noomen/Martin Gosman (Hg.), Non nova, sed nove: mélanges de civilisation médiéval, Groningen 1984, 225–238.

Schnell, Rüdiger, Causa amoris. Liebeskonzeption und Liebesdarstellung in der mittelalterlichen Literatur, Bern/München 1985.

Schockenhoff, Eberhard, Der lange Schatten des Augustinus – oder: Was heißt menschenwürdige Sexualität? In: IKaZ Communio 41 (2012) 197–212.

Schockenhoff, Eberhard, Traditionsbruch oder notwendige Weiterbildung? Zwei Lesarten des Nachsynodalen Schreibens „Amoris laetitia", in: StdZ 142 (2017) 147–158.

Schockenhoff, Eberhard, Die „Theologie des Leibes" – Ausweg aus den Sackgassen der lehramtlichen Sexualmoral?, in: Stephan Goertz/Magnus Striet (Hg.), Johannes Paul II. – Vermächtnis und Hypothek eines Pontifikats, Freiburg i. Br. 2020, 114–143.

Scruton, Roger, Sexual Desire, New York 1986.

Sieben, Hermann-Joseph, „Unsere Sache ist es nicht, schöne Reden zu halten, sondern Taten vorzulegen …" – Sexualethik bei Platon (*Nomoi*) und in der frühen Christenheit (2.–3. Jahrhundert), in: ThPh 78 (2003) 481–508.

Sieder, Reinhard, Ehe, Fortpflanzung und Sexualität, in: Michael Mitterauer/Reinhard Sieder, Vom Patriarchat zur Partnerschaft. Zum Strukturwandel der Familie, München [4]1991, 149–169.

Siep, Ludwig, Naturrecht und Bioethik, in: Concilium 46 (2010) 279–299.

Siker, Jeffrey S., Homosexuality, in: Dictionary of Scripture and Ethics, hg. von Joel B. Green, Grand Rapids (MI) 2011, 371–374.

Singer, Irving, The Nature of Love, Bd. 1: Plato to Luther, Cambridge (MA)/London 2009.

Skinner, Marilyn B., Sexuality in Greek and Roman Culture, Oxford ²2014.

Sousa, Ronald de, Die Rationalität des Gefühls, Frankfurt a. M. 1997.

Stein, Albert, Luther über Eherecht und Juristen, in: Helmar Junghans (Hg.), Leben und Werk Martin Luthers von 1526–1546, Bd. 1, Göttingen 1983, 171–185.

Stone, Lawrence, The Family, Sex and Marriage in England 1500–1800, New York 1979.

Stone, Lawrence, The Road to Divorce, England 1530–1987, Oxford 1990.

Theobald, Michael, Paulus und die Gleichgeschlechtlichkeit. Plädoyer für einen vernünftigen Umgang mit der Schrift, in: Stephan Goertz (Hg.), „Wer bin ich, ihn zu verurteilen?“, Freiburg i. Br. 2015, 53–88.

Thomas von Aquin, *Summa contra gentiles* Band 3, Teil 1, 3. Buch, dt.-lat. Ausgabe, hg. von Karl Allgaier, lat. Text besorgt von Leo Gerken, Darmstadt 1990.

Thomas von Aquin, *Summa Theologiae* III, q. 73–83: Das Geheimnis der Eucharistie, DThA 30, Salzburg/Leipzig 1938.

Thomas von Aquin, *Summa theologiae*, 3 Bde., Turin 1952–62.

Thornton, Bruce, Eros: The Myth of Ancient Greek Sexuality, Boulder (CO) 1997.

Trauner, Cordula, Homosexualität im Alten Testament, in: Jochen Schmidt (Hg.), Religion und Sexualität, Würzburg 2016, 9–32.

Unterburger, Klaus, Phänomenologie der ehelichen Liebe gegen neuscholastisches Naturrecht? Die Kontroverse um Laros' Aufsatz ,Die Revolutionierung der Ehe' vor dem Hintergrund der Enzyklika ,Casti connubii' und der Entwicklung der katholischen Ehe- und Sexualmoral, in: Jörg Seiler (Hg.), Matthias Laros (1882–1965). Kirchenreform im Geiste Newmans, Regensburg 2009, 131–187.

Weber, Ines, „Wachset und mehret euch“. Die Eheschließung im frühen Mittelalter als soziale Fürsorge, in: Andreas Holzem/Ines Weber (Hg.), Ehe – Familie – Verwandtschaft. Vergesellschaftung in Religion und sozialer Lebenswelt, Paderborn u. a. 2008, 145–180.

Weigand, Rudolf, Die Lehre der Kanonisten des 12. und 13. Jahrhunderts von den Ehezwecken, in: Giuseppe Forchielli/Alphons M. Stickler

(Hg.), Collectanea Stephan Kuttner, Bd. 2 (Studia Gratiana Bd. 12), Bologna 1967, 445–478.

Weigand, Rudolf, Liebe und Ehe bei den Dekretisten des 12. Jahrhunderts, in: Willy van Hoecke/Andries Welkenhuysen (Hg.), Love and Marriage in the Twelfth Century, Leuven 1981, 41–58.

Weigand, Rudolf, Zwischenmenschliche Aspekte des Ehelebens in normativen kirchlichen Texten und im Alltagsleben des Spätmittelalters, in: Rüdiger Schnell (Hg.), Text und Geschlecht. Mann und Frau in Eheschriften der frühen Neuzeit, Frankfurt a. M. 1997, 47–78.

Wemple, Suzanne Fonay, Women in Frankish Society: Marriage and the Cloister, 500 to 900, Philadelphia 1981.

Wetzel, James, Augustine on the Will, in: Mark Vessey (Hg.), A Companion to Augustine, Oxford 2012, 341–352.

Wisdorf, Josef, Vom Wissen zum Gewissen. Fragen an fünfzehn- bis zwanzigjährige Jungen und Jungmänner, Düsseldorf 1964.

Wisdorf, Josef, Muss ein Junge daran scheitern? Düsseldorf [5]1966.

Wojtyła, Karol, Liebe und Verantwortung, Lublin 1960/München [2]1981.

Wojtyła, Karol, Zeichen des Widerspruchs. Besinnung auf Christus, Zürich/Freiburg i. Br. 1979.

Wolbert, Werner, Barmherzigkeit oder Gerechtigkeit? (StdM.NF Bd. 12), Münster 2020.

Zeimentz, Hans, Ehe nach der Lehre der Frühscholastik. Eine moralgeschichtliche Untersuchung zur Anthropologie und Theologie der Ehe in der Schule Anselms von Laon und Wilhelms von Champeaux, bei Hugo von St. Viktor, Walter von Mortagne und Petrus Lombardus, Düsseldorf 1973.

Ziegler, Josef Georg, Die Ehelehre der Pönitentialsummen von 1200–1350. Eine Untersuchung zur Geschichte der Moral- und Pastoraltheologie, Regensburg 1956.

Žižek, Slavoj, Die Puppe und der Zwerg. Das Christentum zwischen Perversion und Subversion, Frankfurt a. M. 2003.

Zweites Vatikanisches Konzil, Pastoralkonstitution *Gaudium et spes* (1965), in: AAS 58 (1966) 1025–115; dt. Ausgabe: Die Dokumente des Zweiten Vatikanischen Konzils. Lateinisch-deutsche Studienausgabe, hg. von Peter Hünermann, Freiburg i. Br. 2004, 592–749.